Bruno Schulz

DIE ZIMTLÄDEN

Aus dem Polnischen
von Doreen Daume

Büchergilde Gutenberg

Mit 10 Illustrationen von Bruno Schulz

Polnische Originalausgabe: *Sklepy cynamonowe*, Rój, Warschau 1934; deutsche Erstausgabe: *Die Zimtläden* (übersetzt von Josef Hahn), Hanser, München 1961.

Neu übersetzt nach: *Opowiadania, wybór esejów i listów*, herausgegeben und kommentiert von Jerzy Jarzębski, Zakład Narodowy im. Ossolińskich – Wydawnictwo, Wrocław 1998.

Die Übersetzung wurde gefördert vom Literarischen Colloquium Berlin mit Mitteln des Auswärtigen Amtes und der Kulturverwaltung des Berliner Senats.

Lizenzausgabe für die Büchergilde Gutenberg,
Frankfurt am Main, Wien, Zürich
Mit freundlicher Genehmigung des
Carl Hanser Verlags, München

Satz: Satz für Satz. Barbara Reischmann, Leutkirch
Druck und Bindung: Friedrich Pustet, Regensburg
Printed in Germany 2010
ISBN 978-3-7632-6399-8

www.buechergilde.de

INHALTSÜBERSICHT

ANHANG

DIE ZIMTLÄDEN

AUGUST

1

Im Juli pflegte mein Vater ins Bad zu fahren und mich zusammen mit meiner Mutter und meinem älteren Bruder den weißglühenden und berauschenden Sommertagen auszuliefern. Trunken vom Licht blätterten wir in dem riesigen Ferienbuch, dessen Seiten leuchtend flammten und auf ihrem Grund das bis zur Besinnungslosigkeit süße Fruchtfleisch goldener Birnen bargen.

Adela kehrte in den strahlenden Morgenstunden wie Pomona aus dem Feuer eines lodernden Tages zurück und schüttete die bunte Schönheit der Sonne aus ihrem Korb – funkelnde Kirschen, wasserprall unter durchscheinender Haut, geheimnisvolle schwarze Schattenmorellen, deren Duft noch übertraf, was in ihrem Geschmack verwirklicht war, Aprikosen, deren goldenes Fleisch die Essenz langer Nachmittage enthielt; und neben diese reine Poesie der Früchte lud sie vor Kraft und Nährwert strotzende Fleischstücke mit der Klaviatur von Kälberrippen, Wassergewächse, fast wie erschlagene Kopffüßler und Medusen – das Rohmaterial einer Mahlzeit von noch ungeformtem Geschmack und Gehalt, die vegetativen und tellurischen Ingredienzien einer Mahlzeit von wildem Feldgeruch.

Jeden Tag durchwanderte der ganze große Sommer die dunkle Wohnung im ersten Stock des Hauses am Marktplatz: die Stille flimmernder Luftschichten, die leuchtenden Quadrate, die auf dem Fußboden inbrünstig ihren Traum träumten, die Melodie eines Leierkastens, aus der tiefsten goldenen Ader des Tages hervorgelockt, zwei, drei Takte eines Refrains, die irgendwo, immer wieder, auf einem Klavier gespielt wurden, ohnmächtig auf den weißen Trottoirs zusammenbrachen und sich im Feuer der Tagesmitte verloren. Adela zog nach dem Saubermachen die leinenen Vorhänge zu und ließ Schatten in die Zimmer. Dann sanken die Farben um eine Oktave, das Zimmer füllte sich mit Schatten, als wäre es in das Licht der Meerestiefe versunken, es wurde noch verschwommener von den grünen Spiegeln reflektiert, und die ganze Hitze des Tages atmete auf die Vorhänge, die sich von den Träumen der Mittagsstunde leise bauschten.

Samstag nachmittags ging ich mit meiner Mutter spazieren. Man trat aus dem Dämmer des Flures plötzlich in das Sonnenbad des Tages. Die im Gold watenden Passanten hatten die Augen in der Glut zusammengekniffen, wie mit Honig verklebt, so daß die hochgezogenen Oberlippen Zähne und Zahnfleisch entblößten. Und alle trugen sie beim Waten im goldenen Tag diese Hitzegrimasse, als hätte die Sonne all ihren Anbetern ein und dieselbe Maske aufgesetzt – die goldene Maske der Sonnenbruderschaft; und alle, die heute durch die Straßen spazierten, einander begegneten, aneinander vorbeigingen, Alte und Junge, Kinder und Frauen, grüßten sich im Vorübergehen mit der dick aufgetragenen, goldfarbenen Maske im Gesicht und schnitten einander diese bacchantische Grimasse – die barbarische Maske eines heidnischen Kults.

Der Marktplatz war leer und gelbglühend, heiße Winde hatten ihn vom Staub reingefegt wie eine biblische Einöde. Die dornigen Akazien, die aus der Leere des gelben Platzes wuchsen, flirrten darüber mit hellem Laub, mit Büscheln feingegliederten, grünen Filigrans, wie Bäume auf alten Gobelins. Es schien, als spreizten sich die Bäume affektiert vor dem Wind, sie wühlten ihre Kronen theatralisch auf, um in pathetischen Verrenkungen die Vornehmheit der Blattfächer mit ihren silbrigen Bäuchen wie die Pelze edler Füchsinnen zu zeigen. Die alten, vom Wind vieler Tage polierten Häuser hatten sich im Widerschein der großen Atmosphäre verfärbt, in den Echos und Erinnerungen der Farben, die in der Tiefe des bunten Wetters zerstreut waren. Es war, als hätten ganze Generationen von Sommertagen (wie geduldige Stukkateure den Schimmel vom Putz alter Fassaden) eine trügerische Glasur abgeklopft und dabei Tag für Tag das wahre Antlitz der Häuser deutlicher herausgemeißelt, die Physiognomie der Schicksale und des Lebens, die sie von innen geformt hatten. Jetzt schliefen die Fenster, vom Schein des leeren Platzes geblendet, die Balkone gestanden dem Himmel ihre Leere, aus offenen Hausfluren roch es nach Kühle und Wein.

Ein Häuflein zerlumpter Gesellen hatte sich vor dem Flammenbesen der Hitze in einen Winkel des Marktplatzes gerettet und belagerte ein Stückchen Mauer, warf immer wieder Knöpfe und Münzen dagegen, als ließe sich aus dem Horoskop der Metallscheibchen das wahre Geheimnis der Mauer, die von Hieroglyphen aus Rissen und Sprüngen gezeichnet war, herauslesen. Sonst war der Marktplatz leer. Man erwartete vor dem gewölbten Flur mit den Fässern des Weinhändlers im Schatten der schwankenden Akazien die Ankunft eines Eselchens, von einem Samariter am Zaum geführt, und daß zwei Burschen behutsam einen Kranken aus dem glühend heißen Sattel heben würden, um ihn über die kühle Treppe vorsichtig in das nach Sabbat duftende Obergeschoß zu tragen.

So spazierte ich mit meiner Mutter die beiden Sonnenseiten des Marktplatzes entlang, wobei wir unsere geknickten Schatten über alle Häuser wie über eine Tastatur gleiten ließen. Unter unseren weichen, flachen Schritten zogen die Pflasterquadrate langsam vorüber, manche waren blaßrosa wie Menschenhaut, andere golden und bläulich, alle waren glatt, warm und samten in der Sonne, wie Sonnengesichter, von den Füßen bis zur Unkenntlichkeit abgetreten, bis zum seligen Nichts.

Endlich gelangten wir an der Ecke der Stryjer Straße in den Schatten der Apotheke. Ein riesiger Ballon mit Himbeersaft im breiten Apothekenfenster symbolisierte die Balsamkühle, womit dort jedes Leiden gelindert werden konnte. Nur ein paar Häuser weiter vermochte die Straße schon nicht mehr das Dekorum einer Stadt aufrechtzuerhalten – wie ein Bauer, der auf dem Rückweg in sein Dorf allmählich die städtische Eleganz ablegt und sich in dem Maße, wie er dem Dorf näher kommt, in einen zerlumpten Landmann zurückverwandelt.

Die Vorstadthäuser waren bis über die Fenster im üppigen Blütengewirr der kleinen Gärten versunken. Vom großen Tag vergessen, wucherte hier reichlich und still allerlei Grün, Blumen und Unkraut, froh über die Pause, die es jenseits der Zeitgrenze am Rand eines noch nicht vollendeten Tages verträumen konnte. Eine gigantische, an Elephantiasis leidende Sonnenblume erhob sich über ihrem mächtigen Stengel und wartete, gebeugt unter der Hypertrophie monströser Korpulenz, in der gelben Trauer ihrer letzten, freudlosen Lebenstage. Doch die naiven, vorstädtischen Glockenblumen und die unbedarften Battistblümchen standen ratlos in ihren gestärkten rosa und weißen Hemdchen da, ohne Verständnis für die große Tragödie der Sonnenblume.

2

Das verflochtene Dickicht aus Gras, Unkraut, Grünzeug und Disteln lodert im Feuer des Nachmittags. Fliegenschwärme durchtosen das Mittagschläfchen des Gartens. Ein goldenes Stoppelfeld brüllt in der Sonne wie eine rote Heuschrecke, im prasselnden Feuerregen kreischen Grillen, Samenschoten explodieren leise wie Heupferdchen.

Und zum Zaun hin erhebt sich der Rasenpelz zu einem bucklig gewölbten Hügel, als hätte sich der Garten im Schlaf auf die andere Seite gedreht, und als atmeten seine breiten Bauernschultern nun die Stille der Erde. Auf diesen Gartenschultern war die liederliche weibische Üppigkeit des August bis in die stillen Klüfte der mächtigen Kletten ausgeufert und hatte sich mit haarigen Blattblechen und wuchernden Zungen fleischigen Grüns breitgemacht. Dort sperrten die wulstigen Klettenungetüme ihre Glotzaugen auf, wie breit hingehockte, von den eigenen, wahnsinnig gewordenen Röcken halb aufgefressene Weibsbilder. Dort bot der Garten umsonst die billigsten Holundergraupen feil, seifig stinkende dicke Wegerichgrütze, wilden Pfefferminzfusel und allerlei August-Ramsch der übelsten Art. Doch auf der anderen Seite des Zaunes, hinter diesem Rückzugsort des Sommers, wo sich die Idiotie des verblödeten Unkrauts ausgebreitet hatte, befand sich ein wild von Disteln überwucherter Abfallhaufen. Niemand wußte, daß gerade hier der diesjährige August seine große heidnische Orgie feierte. Auf diesem an den Zaun gelehnten, mit Holunder bewachsenen Abfallhaufen stand das Bett der schwachsinnigen Tłuja. So wurde sie von uns allen genannt. Auf dem Haufen von Abfall und Unrat mit alten Töpfen, Schuhen, Trümmern und Schutt stand ein grün gestrichenes Bett, das von zwei alten Ziegelsteinen dort gestützt wurde, wo ihm ein Bein fehlte.

Die Luft über diesem Gerümpelhaufen, in der Glut außer Rand und Band geraten, von den Blitzen glitzernder, durch die Sonne erzürnter Pferdefliegen durchschnitten, knisterte und knackte wie unsichtbare Rasseln und reizte bis zum Wahnsinn.

Tłuja sitzt zusammengekauert inmitten von gelbem Bettzeug und Lumpen. Von ihrem großen Kopf steht das schwarze Haar in Büscheln ab. Ihr Gesicht läßt sich zusammenziehen wie der Balg einer Ziehharmonika. Alle Augenblicke legt eine weinerliche Grimasse diese Ziehharmonika in tausend Querfalten, und das Erstaunen zieht sie wieder auseinander, glättet die Falten, enthüllt die Schlitze der winzigen Augen und das feuchte Zahnfleisch mit den gelben Zähnen unter der rüsselartigen, fleischigen Lippe. Stunden voller Hitze und Langeweile vergehen, in denen Tłuja halblaut vor sich hin brabbelt, einnickt, leise jammert und grunzt. In dichten Schwärmen belagern Fliegen die Reglose. Doch plötzlich gerät der ganze Haufen schmutziger Lappen, Lumpen und Fetzen in Bewegung, als hätte ihn das Rascheln darin ausgebrüteter Ratten belebt. Aufgescheucht erwachen die Fliegen, ein riesiger brausender Schwarm erhebt sich mit zornigem Sirren, Blitzen und Schillern. Und als die Lumpen zur Erde fallen und wie aufgescheuchte Ratten über dem Unrat auseinanderlaufen, gräbt und schält sich nach und nach das Mark des Abfallhaufens daraus hervor, der Kern wird freigelegt: Die halbnackte und dunkle

Irre richtet sich langsam auf und steht da, wie eine heidnische Gottheit auf kurzen Kinderbeinen, und ihrem zorngeschwellten Hals, dem vor Wut dunkelrot angelaufenen Gesicht, worauf die Arabesken der geschwollenen Adern wie barbarische Malerei erblüht sind, entreißt sich ein tierisches Gebrüll, ein heiseres Gebrüll, hervorgestoßen aus allen Bronchien und Pfeifen dieser halb tierischen, halb göttlichen Brust. Die sonnenverbrannten Disteln schreien, die Kletten plustern sich auf und prahlen mit schamlosem Fleisch, das Unkraut geifert mit blitzendem Gift, und die vom Schreien heisere Idiotin stößt in wilder Konvulsion ihre fleischige Scham zornig und hitzig gegen den Stamm des Holunders, der unter der Zudringlichkeit dieser hemmungslosen Entflammtheit leise knarrt, vom ganzen armseligen Chor zu widernatürlicher, heidnischer Fruchtbarkeit verdammt.

Tłujas Mutter verdingt sich bei den Wirtsfrauen zum Bodenscheuern. Sie ist eine kleine safrangelbe Frau, und mit Safran poliert sie auch die Fußböden, die Tische, Bänke und Schlafbänke aus Tannenholz, die sie in den Kammern armer Leute säubert. Einmal nahm Adela mich mit in das Haus der alten Maryśka. Es war früh am Morgen, wir betraten die kleine, blau getünchte Kammer mit dem gestampften Lehmboden, auf dem grellgelb die Frühsonne in der morgendlichen, vom durchdringenden Rasseln einer bäuerlichen Wanduhr abgemessenen Stille ruhte. In einer Kiste lag auf dem Stroh die dumme Maryśka, blaß wie eine Oblate und still wie ein abgestreifter Handschuh. Und wie um Maryśkas Schlaf zu nutzen, plapperte die Stille, die gelbe, grelle, böse Stille, sie monologisierte, zankte, führte laut und ordinär ihr manisches Selbstgespräch. Maryśkas Zeit, die in ihrer Seele gefangene Zeit, entwich ihr grauenhaft wirklich und durchschritt die Kammer, sich selbst überlassen, lärmend, dröhnend, höllisch, im durchdringenden Schweigen des Morgens aus der lauten Mühlen-Uhr hervorquellend, wie schlechtes Mehl, körniges Mehl, das dumme Mehl der Verrückten.

3

Tante Agata wohnte in einem der Häuschen, die von braunem Lattenzaun umgeben waren und im üppigen Gartengrün versanken. Am Weg durch den Garten zu ihr steckten auf Stangen rosa, grün und violett gefärbte Glaskugeln, in denen ganze Welten verzaubert waren, hell und leuchtend wie die idealen und glücklichen Bilder, die in unerreichter Vollkommenheit von Seifenblasen eingeschlossen sind.

Im halbdunklen Flur mit den alten, vom Schimmel zerfressenen und altersblinden Öldrucken fanden wir den bekannten Geruch wieder. Dieser altvertraute Duft beinhaltete in sonderbar einfacher Synthese das Leben dieser Menschen, das Destillat der Rasse, die Sorte ihres Blutes und das Geheimnis ihres Schicksals, das unsichtbar im täglichen Verstreichen ihrer eigenen, spezifischen Zeit enthalten war. Die alte, weise Tür, deren düstere Seufzer die Menschen ein- und ausließen, schweigende Zeugin des Kommens und Gehens von Mutter, Töchtern und Söhnen, öffnete sich ebenso lautlos wie die Schranktüren, und wir betraten ihr Leben. Sie saßen wie im Schatten ihres Schicksals und wehrten sich nicht, mit den ersten ungeschickten Gesten gaben sie uns ihr Geheimnis preis. Waren wir denn nicht durch Blut und Schicksal mit ihnen verwandt?

Das Zimmer war dunkel und samten von den tiefblauen, golden gemusterten Tapeten, doch das Echo des flammenden Tages flackerte, wenngleich durch das dichte Grün des Gartens gefiltert, auch hier noch auf dem Messing von Bilderrahmen, Türklinken und Goldleisten. Tante Agata erhob sich von ihrem Sitz an der Wand, sie war groß und üppig, ihr rundes, weißes Fleisch war gesprenkelt vom roten Rost der Sommersprossen. Wir setzten uns zu ihnen wie an das Ufer ihres Schicksals, ein wenig beschämt angesichts der Wehrlosigkeit, mit der sie alle sich uns vorbehaltlos ergaben, und wir tranken Wasser mit Rosensaft, ein äußerst sonderbares Getränk, in dem ich so etwas wie die innerste Essenz dieses heißen Samstags wiederfand.

Die Tante klagte. Das war der grundsätzliche Ton ihrer Reden, die Stimme dieses weißen, fruchtbaren Fleisches, das beinahe schon jenseits der Grenzen der Person wucherte, die nur eben von den Fesseln einer individuellen Form lose zusammengehalten wurde, einer Form, die selbst in dieser Konsistenz schon vervielfältigt war, bereit zu zerfallen, sich zu verästeln, sich in eine Familie zu verströmen. Es war Fruchtbarkeit, die einer Urzeugung gleichkam, hemmungslose, krankhaft ausufernde Weiblichkeit.

Es schien, als hätte schon das Aroma von Männlichkeit, der Geruch von Tabakrauch oder ein Herrenwitz dieser entbrannten Weiblichkeit den Impuls zu ausschweifender Jungfernzeugung geben können. Und eigentlich waren alle ihre Klagen über ihren Mann und die Bedienung sowie ihre Sorge um die Kinder nichts anderes als Launen und Groll über ihre unbefriedigte Fruchtbarkeit, es war die Fortsetzung der schroffen, wütenden und weinerlichen Koketterie, mit der sie ihrem Mann vergeblich zusetzte. Onkel Marek, klein und gebeugt, saß mit einem Gesicht, aus dem das Geschlecht gewichen war, in seinem grauen Bankrott da, mit dem Schicksal versöhnt, im Schatten der grenzenlosen Verachtung, in dem er zu ruhen schien. In seinen grauen Augen glomm die ferne, im Fenster ausgebreitete Glut des Gartens. Manchmal versuchte er mit einer schwachen Bewegung irgendeinen Einwand zu erheben und Widerstand zu leisten, doch eine Welle autarker Weiblichkeit verwarf die bedeutungslose Geste, schwappte an ihm vorbei und überflutete mit breitem Schwall triumphierend die schwachen Zuckungen von Männlichkeit.

Es lag etwas Tragisches in dieser unreinen und unmäßigen Fruchtbarkeit, es war das Elend einer Kreatur, die an der Grenze zum Nichts und zum Tode kämpfte, der Heroismus einer Weiblichkeit, die mit ihrer Gebärfreudigkeit noch über die Bresthaftigkeit der Natur, über die Insuffizienz des Mannes triumphierte. Doch die Nachkommen bewiesen die Richtigkeit dieser Mutterschafts-Panik, dieses Gebärwahns, der sich in mißratener Leibesfrucht, in einer ephemeren Generation blut- und gesichtsloser Phantome erschöpft hatte.

Łucja, die mittlere, kam herein, ihr allzu aufgeblühter, überreifer Kopf saß auf einem pummeligen Kinderkörper aus weißem, zartem Fleisch. Sie reichte mir ihr sozusagen gerade erst knospendes Puppenhändchen und erblühte sogleich über das ganze Gesicht wie eine sich mit tiefstem Rosa übergießende Pfingstrose. Unglücklich über ihr Erröten, das schamlos von den Geheimnissen der Menstruation erzählte, schlug sie die Augen nieder und erglühte noch heftiger, wenn irgendeine noch so gleichgültige Frage sie betraf, als enthielte jede davon eine geheime Anspielung auf ihre übersensible Jungfräulichkeit.

Emil, mein ältester Cousin, mit seinem hellblonden Schnurrbart und einem Gesicht, aus dem das Leben beinahe jeglichen Ausdruck gespült hatte, spazierte, die Hände in den Taschen seiner faltigen Hose, im Zimmer auf und ab.

Seine elegante, kostspielige Kleidung war von den exotischen Ländern geprägt, in denen er gewesen war. Sein welkes, trübes Gesicht schien sich von einem Tag auf den anderen zu vergessen, es wurde zu einer weißen, leeren Wand mit einem Netz blasser Adern, in dem sich die erlöschenden Erinnerungen an dieses ungestüme, vergeudete Leben wie die Linien auf einer unscharfen Landkarte verwirrten. Er war ein Meister der Kartenkünste, rauchte lange, edle Pfeifen und roch sonderbar nach fernen Ländern. Während er den Blick über die Andenken von einst schweifen ließ, erzählte er höchst seltsame Anekdoten, die an einem bestimmten Punkt plötzlich abbrachen, sich abkoppelten und im Nichts verweh-

ten. Ich wandte meinen sehnsüchtigen Blick nicht von ihm ab, begierig darauf, daß er mich bemerkte und von den Qualen der Langeweile befreite. Und in der Tat, mir war, als zwinkerte er mir beim Hinausgehen ins andere Zimmer zu. Ich ging ihm nach. Er saß tief auf einer kleinen Couch, die Knie seiner übereinandergeschlagenen Beine fast in Höhe des Kopfes, der kahl wie eine Billardkugel war. Es sah so aus, als läge nur seine Kleidung da, faltig und zerknüllt, über einen Sessel geworfen. Sein Gesicht war wie der Hauch von einem Gesicht – ein Schwaden, den ein unbekannter Passant in der Luft hinterlassen hatte. In seinen blassen, blau emaillierten Händen hielt er eine Brieftasche, in der er etwas betrachtete.

Aus dem Nebel des Gesichts kam mühsam das gewölbte Weiß des bleichen Auges zum Vorschein und lockte mich mit schelmischem Zwinkern. Ich empfand unwiderstehliche Sympathie für ihn. Er nahm mich zwischen die Knie, mischte vor meinen Augen geschickt eine Handvoll Photographien und zeigte mir die Abbildungen von nackten Frauen und jungen Männern in seltsamen Posen. Ich stand mit der Seite an ihn gelehnt und blickte mit fernen, nicht sehenden Augen auf die zarten Menschenkörper, als das Fluidum eines unbestimmten Aufruhrs, der die Luft plötzlich getrübt hatte, zu mir vordrang und mich mit einem Schauer der Verstörung, einer Welle plötzlichen Verstehens überlief. Doch inzwischen waren das vernebelte Lächeln, das sich unter seinem weichen, hübschen Schnurrbart abzeichnete, der Anflug des Begehrens, der sich als pulsierende Ader über seinen Schläfen spannte, und die Anstrengung, die seine Züge einen Augenblick konzentriert verharren ließ, zurück ins Nichts gefallen, und das Gesicht war in die Abwesenheit zurückgekehrt, hatte sich selbst vergessen und zerstreut.

DIE HEIMSUCHUNG

1

Unsere Stadt fiel schon damals immer mehr dem chronischen Grau der Dämmerung anheim, an ihren Rändern wuchsen Schattenflechten, flaumiger Schimmel und eisenfarbenes Moos.

Kaum hatte sich ein Tag aus den bräunlichen Rauch- und Nebelschwaden des Morgens herausgewickelt, kippte er auch schon wieder in einen tiefen, bernsteinfarbenen Nachmittag, wurde für kurze Zeit transparent und golden wie dunkles Bier, um gleich darauf in den vielfältig zergliederten, phantastischen Gewölben farbenfroher und ausgedehnter Nächte unterzugehen.

Wir wohnten am Marktplatz in einem der dunklen Häuser, deren leere und blinde Fassaden man nur schwer voneinander unterscheiden konnte.

Aus diesem Grund verirrte man sich ständig. Hatte man einmal den falschen Korridor und die falsche Treppe betreten, geriet man gewöhnlich in ein wahres Labyrinth von fremden Wohnungen, Galerien und überraschenden Ausgängen in fremde Höfe, man vergaß das eigentliche Ziel der Expedition, und erst wenn man nach vielen Tagen von den Abwegen wundersamer und verwickelter Abenteuer heimkehrte, fielen einem in grauer Morgenstunde das schlechte Gewissen und das Elternhaus wieder ein.

Unsere Wohnung, übervoll mit riesigen Schränken, tiefen Kanapees, blassen Spiegeln und kitschigen Kunstpalmen, versank immer mehr in einen Zustand der Verwahrlosung, es war die Folge der Bequemlichkeit meiner Mutter, die oft im Geschäft saß, wie auch der Nachlässigkeit der schlankbeinigen Adela, die, von niemandem beaufsichtigt, die Tage mit ausschweifender Toilette vor den Spiegeln zubrachte und dabei überall ihre Spuren in Gestalt von ausgekämmten Haaren, Kämmen, verstreuten Schühchen und Miedern hinterließ.

Die Wohnung besaß keine bestimmte Anzahl von Zimmern, niemand hatte sich je gemerkt, wie viele davon an fremde Mieter vergeben waren. Nicht selten kam es vor, daß man zufällig eine der vergessenen Kammern öffnete und sie leer vorfand; der Mieter war schon vor langem ausgezogen, doch in den seit Monaten unberührten Schubladen konnte man erstaunliche Entdeckungen machen.

In den unteren Zimmern wohnten die Gehilfen, und in manchen Nächten weckte uns ihr Stöhnen, das sie in ihren Alpträumen von sich gaben. Im Winter herrschte auf dem Hof noch tiefe Nacht, wenn mein Vater zu den kalten und dunkeln Zimmern hinabstieg und dabei mit der Kerze einen Schwarm von Schatten vor sich her scheuchte, die sich seitlich über Fußboden und Wände verflüchtigten. Vater ging die heftig Schnarchenden wecken, die wie Steine schliefen.

Im Licht der von ihm abgestellten Kerze wickelten sie sich faul aus dem schmutzigen Bettzeug, streckten beim Aufsetzen die bloßen und häßlichen Beine aus dem Bett und gaben sich, die Socken in der Hand, noch eine Weile der Wonne des Gähnens hin – einem bis zur Wollust, bis zum schmerzhaften Gaumenkrampf wie bei heftigem Erbrechen in die Länge gezogenen Gähnen.

In den Ecken saßen reglos riesige Kakerlaken, ihre gewaltigen Ausmaße entstanden durch die eigenen Schatten, die ihnen die brennende Kerze aufludd, und die sich auch dann nicht von ihnen lösten, wenn einer der platten, kopflosen Rümpfe plötzlich in unheimlichem Spinnenlauf loslief.

Zu jener Zeit begann mein Vater gesundheitlich zu verfallen. Schon in den ersten Wochen dieses frühen Winters war es vorgekommen, daß er ganze Tage im Bett verbrachte, umgeben von Fläschchen, Pillen und Geschäftsbüchern, die man ihm aus dem

Kontor brachte. Der bittere Geruch der Krankheit hatte sich auf dem Grunde des Zimmers abgesetzt, dessen Tapeten durch das dunkelnde Arabeskengeflecht verdichtet schienen.

An den Abenden, wenn meine Mutter aus dem Geschäft kam, war er aufgekratzt und streitlustig. Er warf ihr Ungenauigkeit bei der Buchführung vor, seine Wangen röteten sich, und er ereiferte sich bis zur Unzurechnungsfähigkeit. Ich erinnere mich, wie ich ihn einmal, als ich spät in der Nacht aufgewacht war, im Hemd barfuß auf dem Ledersofa hin und her laufen sah, wodurch er der hilflosen Mutter seinen Ärger bekundete.

An anderen Tagen war er ruhig und gesammelt und vergrub sich in seinen Büchern, verlor sich im Labyrinth seiner abstrusen Berechnungen.

Ich sehe ihn im Licht einer rußenden Lampe, wie er inmitten von Kissen vor dem riesigen geschnitzten Kopfteil des Bettes hockt, an der Wand den gewaltigen Schatten seines Kopfes, der sich in lautloser Meditation wiegt.

Manchmal, wie um Atem zu schöpfen, tauchte sein Kopf aus den Rechnungen auf, er öffnete den Mund, schmatzte unwillig mit seiner trockenen und bitteren Zunge und sah sich ratlos um, als suche er etwas.

Dann kam es vor, daß er verstohlen vom Bett in

eine Zimmerecke lief, wo an der Wand ein vertrauter Apparat hing. Es war eine Art Wasseruhr oder eine größere Glasphiole, in Unzen eingeteilt und mit einem dunklen Fluidum gefüllt. Mein Vater verband sich mit dem Apparat durch einen langen Gummischlauch wie mit einer gewundenen, schmerzenden Nabelschnur, und derart mit der lachhaften Vorrichtung verbunden, erstarrte er konzentriert, seine Augen verdunkelten sich, und in sein erblaßtes Gesicht trat ein Zug des Leidens oder der sündhaften Wollust.

Dann wieder kamen Tage ruhiger, gesammelter Arbeit, von einsamen Monologen durchwirkt. Wenn er so im Licht der Tischlampe in den Kissen des großen Bettes saß, und das Zimmer nach oben hin, in den Schatten des Lampenschirms wuchs, der es mit dem gewaltigen Element der städtischen Nacht draußen vereinte – dann spürte er, ohne hinzusehen, wie der Raum ihn mit dem pulsierenden Dickicht der Tapeten, ihrem Flüstern, Zischeln und Lispeln überwucherte. Ohne hinzusehen, lauschte er einer Verschwörung, in der sich Zwinkeraugen, die sich aus horchenden Ohrmuschelblüten und lächelnden dunklen Lippen herausgebildet hatten, bedeutungsvoll zublinzelten.

Damals hatte er sich scheinbar noch tiefer in seine Arbeit vergraben, er rechnete, addierte und fürchtete dabei den in ihm angeschwollenen Zorn zu verraten, er kämpfte gegen die Versuchung, mit einem plötzlichen Aufschrei blindlings hinter sich selbst herzustürzen und mit beiden Händen die gekräuselten Arabesken zu packen, diese von der Nacht ersonnenen Augen- und Ohrenbüschel, die wuchsen, sich vervielfältigten und immer neue Knospen und Ableger aus dem Mutternabel der Finsternis herausphantasierten. Er beruhigte sich erst, wenn die Nacht verebbte, wenn die Tapeten welkten, sich einrollten, Blätter und Blüten verloren, sich herbstlich lichteten und das ferne Morgenlicht durchließen.

Dann sank er unter dem Gezwitscher der Tapetenvögel in der gelben Winterdämmerung für ein paar Stunden in einen festen, schwarzen Schlaf.

Seit den Tagen, seit den Wochen, in denen er in seine verworrenen Kontokorrentrechnungen vergraben schien, war sein Denken heimlich in die Labyrinthe der eigenen Eingeweide vorgedrungen. Er hielt den Atem an und horchte. Und wenn sein Blick, verblichen und trübe, aus den Tiefen zurückkehrte, beruhigte er ihn mit einem Lächeln. Noch glaubte er die auf ihn einstürmenden Forderungen und Angebote nicht, er verwarf sie als absurd.

Tagsüber klang es wie Überlegungen und Zureden, lange, monotone Denkübungen, halblaut geführt, mit humoristischen Interludien und schelmischen Sticheleien. Doch in der Nacht erhoben sich die Stimmen mit größerer Leidenschaft. Eine Forderung kam immer wieder, deutlicher und vernehmlicher, und wir hörten, wie er bittend mit Gott sprach, als wehrte er sich gegen das, was da unablässig forderte und verlangte.

Bis sich eines Nachts diese Stimme drohend und keinen Widerspruch duldend erhob und von ihm forderte, mit Mund und Eingeweiden Zeugnis abzulegen. Und wir hörten wie der Geist in ihn einfuhr, wie er sich in voller Größe vom Bett erhob und in prophetischem Zorn noch wuchs, wie er würgte an den gellenden Worten, die er hervorstieß wie eine Mitrailleuse. Wir hörten den Kampflärm und das Stöhnen des Vaters, das Stöhnen eines Titanen mit gebrochener Hüfte, der auch noch lästerte.

Ich hatte die Propheten des Alten Testaments nie gesehen, doch beim Anblick dieses von Gottes Zorn zu Fall gebrachten Mannes, der breitbeinig auf dem massiven porzellanenen Nachtgeschirr saß, vom Sturm der Arme bedeckt, einer Wolke verzweifelter Verrenkungen, über die sich noch seine fremde, harte Stimme erhob – da verstand ich den göttlichen Zorn der heiligen Männer.

Es war ein fürchterlicher Dialog, wie die Sprache von Blitz und Donner. Seine fuchtelnden Arme fetzten den Himmel in Stücke, und in den Rissen zeigte sich das zorngeblähte, Verwünschungen speiende Gesicht Jehovas. Ich sah ihn, ohne hinzuschauen, den schrecklichen Demiurgen, es war finster wie auf dem Sinai, ich sah, wie er, die mächtigen Hände gegen die Vorhangstange gestemmt, sein riesiges Gesicht an die oberen Fensterscheiben legte, an denen sich seine monströs fleischige Nase plattdrückte.

Ich hörte seine Stimme in den Pausen der prophetischen Tiraden meines Vaters, ich hörte das gewaltige Grollen der aufgeblasenen Lippen, das die Scheiben erklirren ließ und sich mit den Flüchen, Lamentos und Drohungen vermischte, die mein Vater ausstieß.

Manchmal wurden die Stimmen leiser und empörten sich still, wie das Wispern des Windes im nächtlichen Kamin, dann wieder brachen sie in ohrenbetäubendes Geheul aus, in ein Gewitter aus vermischten Schluchzern und Verwünschungen. Plötzlich tat sich das Fenster mit einem dunklen Gähnen auf und das Tuch der Finsternis wogte durch das Zimmer.

Im Lichte eines Blitzes erblickte ich meinen Vater in wehenden Unterkleidern, wie er mit einem entsetzlichen Fluch den heftig aufplatschenden Inhalt des Nachtgeschirrs zum Fenster hinaus in die wie eine Muschel rauschende Nacht schleuderte.

2

Mein Vater schwand langsam dahin, er welkte vor unseren Augen.

Unter riesigen Kissen zusammengekauert, die grauen Haarbüschel wild gesträubt, führte er halblaut Selbstgespräche, ganz in irgendwelche verworrenen, inneren Affären verstrickt. Man hätte glauben können, daß seine Persönlichkeit in lauter miteinander zerstrittene und auseinanderstrebende Ichs zerfiel, denn er zankte lautstark mit sich selbst, verhandelte energisch und leidenschaftlich, er überredete und bat, dann wieder schien er einer Versammlung vieler verschiedener Interessenten vorzusitzen, die er unter Aufbietung all seines Eifers und seiner Überredungskünste miteinander zu versöhnen suchte. Doch jedesmal stoben die lärmenden Horden mit ihren feurigen Temperamenten am Ende unter Flüchen, Verwünschungen und Schmähreden wieder auseinander.

Daraufhin wurde es jedesmal stiller, es folgte eine Phase innerer Besänftigung und seliger Heiterkeit.

Wieder wurden große Folianten auf Bett, Tisch und Fußboden ausgebreitet, ein beinahe benediktinischer Arbeitsfriede legte sich im Schein der Lampe auf das weiße Bettzeug und das gebeugte graue Haupt meines Vaters.

Wenn meine Mutter jedoch spät abends aus dem Geschäft heimkam, belebte sich mein Vater, rief sie zu sich und zeigte ihr stolz die herrlichen farbigen Abziehbilder, mit denen er sorgfältig die Seiten des Hauptbuches beklebt hatte.

Damals bemerkten wir alle, wie der Vater von Tag zu Tag schrumpfte – wie eine Nuß, die in ihrer Schale vertrocknet.

Zu diesem Schwund gesellte sich allerdings nicht der geringste Verfall der Kräfte. Im Gegenteil, sein Gesundheitszustand, seine Stimmung, seine Lebhaftigkeit schienen sich zu bessern.

Er lachte jetzt oft laut und zwitschernd, prustete einfach los vor Lachen, oder er klopfte an sein Bett und antwortete dann sich selbst mit »Ja, bitte?« in verschiedenen Tonlagen, stundenlang. Von Zeit zu Zeit kletterte er aus dem Bett, stieg auf den Schrank, um dort, unter der Zimmerdecke kauernd, irgend etwas im alten, staub- und rostbedeckten Plunder zu ordnen.

Manchmal stellte er zwei Stühle einander gegenüber, stützte sich mit den Armen auf die Lehnen, schwang die Beine vor und zurück und suchte mit strahlenden Augen in unseren Gesichtern nach Zeichen der Bewunderung und des Ansporns. Mit Gott hatte er sich anscheinend völlig ausgesöhnt. In manchen Nächten erschien im Schlafzimmerfenster das bärtige Gesicht des Demiurgen, das mit dem dunklen Purpur bengalischen Feuers übergossen war, es schaute eine Weile wohlwollend auf den tief Schlafenden, dessen schnarchender Singsang in weiter Ferne die unbekannten Gefilde der Traumwelten zu durchwandern schien.

Während der langen, halbdunklen Nachmittage dieses späten Winters verschwand mein Vater von Zeit zu Zeit ganze Stunden in dicht mit Gerümpel vollgeräumten Winkeln, wo er verbissen nach etwas suchte.

Und wenn wir uns alle zum Mittagessen an den Tisch setzten, kam es nicht selten vor, daß er fehlte. Dann mußte meine Mutter laut »Jakub!« rufen und mit dem Löffel auf den Tisch schlagen, bevor er aus irgendeinem Schrank hervorgekrochen kam, mit klebrigen Fetzen von Spinnweben und Staubflokken behangen, den wirren Blick ganz in die wundersamen, nur ihm bekannten, ihn ganz beanspruchenden Angelegenheiten versenkt.

Manchmal kletterte er auf die Gardinenstange und nahm eine starre Pose ein, in Symmetrie zu dem großen, ausgestopften Geier, der dem Fenster gegenüber an der Wand befestigt war. Und in dieser Starre, zusammengekauert, mit vernebeltem Blick und listig grinsend, verharrte er stundenlang, um plötzlich, wenn irgendwer hereinkam, mit den

Armen wie mit Flügeln zu schlagen und wie ein Hahn zu krähen.

Allmählich schenkten wir diesen Wunderlichkeiten, in die er sich von Tag zu Tag tiefer verstrickte, keine Beachtung mehr. Als hätte er alle körperlichen Bedürfnisse ganz abgelegt, nahm er wochenlang keine Nahrung zu sich und versenkte sich tagtäglich tiefer in die vertrackten und sonderbaren Affären, für die wir kein Verständnis hatten. Unser Zureden und Bitten erreichte ihn nicht, er antwortete mit Satzfetzen seines inneren Monologs, dessen Verlauf von außen durch nichts gestört werden konnte. Ohne Unterlaß beschäftigt, krankhaft aufgewühlt, die trockenen Wangen gerötet, bemerkte er uns nicht, er übersah uns.

Wir gewöhnten uns an seine harmlose Gegenwart, an sein leises Schwatzen, sein kindliches, in sich versunkenes Plappern, dessen Geträller gleichsam am Rande unserer Zeit vorbeiströmte. Schon damals verschwand er manchmal für viele Tage, trieb sich irgendwo in den entlegensten Winkeln der Wohnung herum und war nicht zu finden.

Dieses Verschwinden beeindruckte uns immer weniger, wir gewöhnten uns daran, und wenn er nach vielen Tagen wieder auftauchte, einige Zoll kleiner und magerer, dann zog das unsere Aufmerksamkeit nicht lange auf sich. Wir rechneten einfach nicht mehr mit ihm, so weit hatte er sich von allem entfernt, was menschlich und was wirklich war. Knoten für Knoten löste er sich von uns, Punkt für Punkt verlor er die Verbindung zur menschlichen Gemeinschaft. Das, was von ihm noch übrig war, das bißchen sterbliche Hülle und die Handvoll unsinniger Marotten – das alles hätte eines Tages ebenso unbemerkt verschwinden können wie das graue Kehrichthäufchen, das sich in der Ecke ansammelte und das Adela jeden Tag zum Abfall hinaustrug.

DIE VÖGEL

Die gelben, langweiligen Wintertage waren gekommen. Über die rötliche Erde hatte sich eine löchrige, zerschlissene, zu kurz geratene Tischdecke aus Schnee gebreitet. Für viele Dächer reichte sie nicht aus, und so standen die schwarzen oder rostigen Schindeldächer und Archen hervor, in denen sich verrußte Speicher verbargen – schwarze verkohlte Kathedralen, mit den gesträubten Rippen ihrer Sparren, Pfetten und Verstrebungen – die dunklen Lungen der Winterstürme. Jeder heraufdämmernde Morgen entdeckte neue Kamine und Rauchfänge, in der Nacht hochaufgeschossene, schwarze Pfeifen von Teufelsorgeln, in die der Nachtsturm blies. Die Schornsteinfeger konnten sich der Krähen nicht erwehren, die sich des Abends wie schwarze Blätter auf den Zweigen der Bäume vor der Kirche niederließen, sich flügelschlagend wieder lösten, um sich schließlich erneut in einen Baum zu schmiegen, jede am richtigen Ort und auf dem richtigen Ast. Doch im Morgengrauen flogen sie in großen Schwärmen auf und davon, wie Wolken von Qualm und Rußflocken befleckten sie mit ihrem flackernden Krächzen wogend und phantastisch die trüben gelben Schwaden des Morgengrauens. Die Tage waren vor Kälte und Langeweile hart geworden wie Brotlaibe vom Vorjahr. Man schnitt sie mit stumpfen Messern an, ohne Appetit, faul und schläfrig.

Mein Vater verließ das Haus nicht mehr. Er heizte die Öfen, studierte das nie ergründete Wesen des Feuers, schmeckte den salzigen, metallischen Geschmack und roch den Räucherduft der winterlichen Flammen, die kühle Liebkosung der Salamander, die den glitzernden Ruß aus dem Schlund des Kamins leckten. Mit Vorliebe führte er in jenen Tagen alle Reparaturen in den oberen Regionen der Zimmer aus. Zu jeder Tageszeit konnte man ihn sehen, wie er, zuoberst auf der Leiter hockend, sich an der Zimmerdecke, an den Gardinenstangen über den Oberlichtern, an den Kugeln und Ketten der Hängelampen zu schaffen machte. Nach Art der Maler benutzte er die Leiter wie riesige Stelzen und fühlte sich wohl in der Vogelperspektive, in der Nähe des gemalten Himmels, der Arabesken und Vögel an der Zimmerdecke. Immer weiter entfernte er sich von den Angelegenheiten des praktischen

Lebens. Wenn meine Mutter, voll Kummer und Sorge wegen seines Zustands, ihn in ein Gespräch über das Geschäft, über die Zahlungen am nächsten Ultimo zu ziehen suchte, hörte er ihr zerstreut zu, und sein abwesendes Gesicht zuckte nervös. Es kam vor, daß er sie plötzlich mit einer flehentlichen Geste unterbrach, in eine Zimmerecke lief, sein Ohr an eine Fußbodenritze legte, um mit beiden erhobenen Zeigefingern, womit er die höchste Wichtigkeit seiner Untersuchungen anzeigte, zu lauschen. Damals verstanden wir noch nicht den traurigen Hintergrund dieser Extravaganzen, den beklagenswerten Komplex, der tief in ihm reifte.

Meine Mutter hatte keinen Einfluß auf ihn, große Verehrung und Aufmerksamkeit brachte er jedoch Adela entgegen. Das Säubern des Zimmers war für ihn eine große und wichtige Zeremonie, der beizuwohnen er niemals versäumte, wobei er mit einer Mischung aus Furcht und Wonneschauer Adelas Hantieren verfolgte. Jedem einzelnen ihrer Handgriffe schrieb er eine tiefe symbolische Bedeutung zu. Wenn sie mit jungen, forschen Bewegungen den Schrubber über den Fußboden schob, so ging das schier über seine Kräfte. Dann traten Tränen aus seinen Augen, ein leises Lachen zog sich über sein Gesicht und sein ganzer Körper wurde von wonnevollen orgasmischen Spasmen geschüttelt. Seine Kitzligkeit grenzte an Wahnsinn. Es genügte, daß Adela den Zeigefinger auf ihn richtete und eine Kitzelbewegung ausführte, und schon floh er in wilder Panik türenschlagend durch alle Zimmer, um sich schließlich bäuchlings aufs Bett fallen zu lassen und sich, allein unter dem Einfluß des inneren Bildes, gegen das er sich nicht wehren konnte, in konvulsivischem Gelächter zu winden. Somit hatte Adela nahezu unbegrenzte Macht über meinen Vater.

Zu der Zeit stellten wir bei ihm zum ersten Mal ein leidenschaftliches Interesse für Tiere fest. Anfangs war es die Leidenschaft des Jägers und zugleich des Künstlers, auch war es vielleicht eine zutiefst empfundene, zoologische Sympathie einer Kreatur zu verwandten und doch so verschiedenen Lebensformen, ein Experimentieren in nicht erprobten Daseinsregistern. Erst in einer späteren Phase nahm die Angelegenheit eine ungeheuerliche, unentwirrbare, zutiefst sündige und widernatürliche Wendung, die wir besser nicht ans Tageslicht holen.

Es begann mit dem Ausbrüten der Vogeleier.

Mein Vater verwandte viel Mühe und Geld darauf, aus Hamburg, Holland oder afrikanischen zoologischen Warten befruchtete Vogeleier einzuführen, die er von riesigen belgischen Hennen ausbrüten ließ. Das Schlüpfen der Jungen, wahrhaftiger Scheusale, was Form und Färbung betraf, war auch für mich eine überaus spannende Prozedur. Unmöglich, in diesen Monstern mit ihren riesigen phantastischen Schnäbeln, die sie gleich nach ihrer Geburt, gefräßig aus dem Schlund ihrer Kehlen zischend, weit aufsperrten, in diesen Echsen mit ihren schwächlichen nackten, buckligen Körpern künftige Pfauen, Fasane, Auerhähne und Kondore zu erkennen. In Körben auf Watte lagernd, hoben diese drachenhaften Subjekte auf ihren dürren Hälsen die blinden, mit trüber Haut überzogenen Köpfe und quakten lautlos aus stummem Rachen. Mein Vater schritt in einer grünen Schürze die Stellagen ab wie ein Gärtner seine Kakteenbeete und lockte die blinden, vor Leben pulsierenden Blasen aus dem Nichts hervor, diese plumpen Bäuche, welche die Außenwelt nur in Form von Nahrung aufnahmen, diese Auswüchse des Lebens, die sich blindlings lichtwärts rankten. Ein paar Wochen später, wenn die blinden Lebensknospen zum Licht hin aufgebrochen waren, füllten sich die Zimmer mit dem farbigen Geplapper und dem flirrenden Gezwitscher ihrer neuen Bewohner. Sie setzten sich auf die Gardinenstangen und Schranksimse, sie nisteten im Dickicht der zinnernen Zweige und Arabesken der vielarmigen Hängelampen.

Wenn mein Vater dicke ornithologische Kompendien studierte und kolorierte Tafeln durchblätterte, schien es, als flögen die gefiederten Phantasmen daraus empor und füllten das Zimmer mit buntem Geflatter, mit Flocken aus Purpur, Splittern aus Saphirblau, Grünspan und Silber. Während der Fütterung bildeten sie auf dem Fußboden ein farbenprächtiges wogendes Beet, einen lebenden Teppich, der, wenn jemand unvorsichtig eintrat, zerfiel, in taumelnde Blüten zerstob, die in die Luft schwirrten und sich schließlich in den oberen Regionen des Zimmers niederließen. Besonders ein Kondor ist mir in Erinnerung geblieben, ein riesiger Vogel mit nacktem Hals, verrunzeltem Gesicht und wuchernden Höckern. Es war ein magerer Asket, ein buddhistischer Lama, dessen ganzes nach dem eisernen Zeremoniell seiner großen Sippe ausgerichtetes Verhalten voll unerschütterlicher Würde war. Wenn er sich meinem Vater gegenüber setzte, in der reglosen Haltung unsterblicher ägyptischer Gottheiten, das Auge von einer weißlichen Nickhaut überzogen, die er von der Seite her über die Pupille schob, um sich vollständig in die Kontemplation seiner erhabenen Einsamkeit zurückzuziehen, dann gab er sich mit seinem steinernen Profil als älterer Bruder meines Vaters aus. Die gleiche Körpermaterie, Sehnen und runzlige, harte Haut, das gleiche ausgedörrte und knochige Gesicht, die gleichen verhornten tiefen Augenhöhlen. Sogar die Hände mit ihren dicken Knoten, die langen, mageren Hände meines Vaters mit den gewölbten Fingernägeln bildeten eine Analogie zu den Krallen des Kondors. Wenn ich ihn so schlafen sah, drängte sich mir der Eindruck auf, ich hätte eine Mumie vor mir, die ausgetrocknete und daher geschrumpfte Mumie meines Vaters. Ich vermute, auch meiner Mutter war die äußerst merkwürdige Ähnlichkeit nicht entgangen, obwohl wir das Thema niemals ansprachen. Bezeichnend ist, daß der Kondor dasselbe Nachtgeschirr wie mein Vater benutzte.

Mein Vater gab es nicht auf, immer neue Exemplare auszubrüten, er veranstaltete auf dem Dachboden Vogelhochzeiten, sandte Ehestifter aus, fesselte die verführerischen und sehnsüchtigen Bräute in den Luken und Löchern des Dachbodens und brachte es tatsächlich dahin, daß unser Dach, das riesige, spitze, schindelgedeckte Giebeldach unseres Hauses, eine veritable Vogelherberge wurde, eine Arche Noah, in die Geflügeltes jedweder Art aus fernen Landen geflogen kam. Noch lange nach Auflösung der Vogelwirtschaft wurde in der Vogelwelt an der Tradition unseres Hauses festgehalten, und wenn im Frühling die Zeit für die Vogelzüge gekommen war, fielen nicht selten ganze Schwärme von Kranichen, Pelikanen, Pfauen und allem möglichen Federvieh in unser Dach ein.

Schon nach kurzer Glanzzeit nahm dieses Spektakel jedoch eine traurige Wende. Denn bald erwies sich die Translokation meines Vaters in die beiden Dachzimmer, die bisher als Rumpelkammern gedient hatten, als notwendig. Von dort drangen schon in den frühen Morgenstunden die mannigfachen Klagelaute der Vogelstimmen zu uns. Die Holzkisten der Dachzimmer tönten, unterstützt von der Resonanz des gesamten Speichers, mit Rauschen, Flattern, Krähen, Balzen und Glucksen. So verschwand der Vater binnen einiger Wochen aus unserem Blickfeld. Er kam nur selten herunter in die Wohnung, und jedesmal bemerkten wir dann, daß er etwas kleiner geworden war, abgemagert und geschrumpft. Manchmal vergaß er sich, sprang bei Tisch vom Stuhl auf und schlug mit beiden Armen wie mit Flügeln, stieß ein langgezogenes Krähen aus, und seine Augen überzogen sich mit einem nebligen Häutchen. Woraufhin er beschämt in unser Lachen einstimmte und sich bemühte, den Zwischenfall ins Scherzhafte zu wenden.

Einmal, im Verlauf des Großreinemachens, erschien Adela unerwartet im Vogelstaat meines Vaters. Sie war in der Tür stehengeblieben, händeringend ob des Gestanks, der die Luft erfüllte, sowie der Kothäufchen, die Fußboden, Tische und Möbel bedeckten. Rasch entschlossen öffnete sie das Fenster und wirbelte mit dem Schrubber die ganze Vogelmasse auf. Eine höllische Wolke aus Federn, Flügeln und Geschrei erhob sich, in der Adela wie eine wahnsinnige Mänade, unter dem rasenden Wirbel ihres Thyrsus, ihren Vernichtungstanz vollzog. Entsetzt versuchte mein Vater, sich armschwingend zusammen mit der Vogelschar in die Lüfte zu erheben. Langsam lichtete sich die geflügelte Wolke, bis zuletzt nur noch Adela, erschöpft und außer Atem, auf dem Schlachtfeld übrigblieb, sowie mein bekümmert und beschämt dreinblickender Vater, der zu jeder Kapitulation bereit war.

Kurz darauf kam mein Vater die Treppe von seinem Dominium herunter, ein gebrochener Mann, ein verbannter König, der Thron und Herrschaft verloren hatte.

DIE SCHNEIDERPUPPEN

Das Vogel-Spektakel meines Vaters war der letzte Ausbruch von Farbigkeit, der letzte und prächtige Kontermarsch der Phantasie, den dieser unverbesserliche Improvisator, dieser Fechtmeister der Imagination auf den Schanzen und in den Schützengräben des öden und leeren Winters vollführt hatte. Heute erst begreife ich das einsame Heldentum, mit dem er im Alleingang dem uferlosen Element der die Stadt lähmenden Langeweile den Krieg angesagt hatte. Bar jeglicher Unterstützung, ohne Anerkennung von unserer Seite, verteidigte dieser überaus seltsame Mann die verlorene Sache der Poesie. Er war eine Wundermühle, in deren Trichter man die Spreu der leeren Stunden schüttete, damit das Mahlwerk sie in allen Farben und Düften der Gewürze des Orients erblühen ließ. An die brillante Gaukelei dieses metaphysischen Prestidigitateurs gewöhnt, neigten wir jedoch dazu, den Wert seiner souveränen Magie zu verkennen, die uns vor der

Lethargie der leeren Tage und Nächte rettete. Kein Vorwurf traf Adela für ihren gedankenlosen und stumpfsinnigen Vandalismus. Im Gegenteil, wir empfanden eine niedrige Befriedigung, eine schändliche Satisfaktion angesichts der Beschneidung dieser Auswüchse, an denen wir uns gierig ergötzt hatten, um uns sodann perfid der Verantwortung dafür zu entziehen. Vielleicht aber lag in diesem Verrat auch eine heimliche Verbeugung vor der siegreichen Adela, der wir vage eine Mission oder Sendung von Kräften einer höheren Macht zuschrieben. Von allen verraten, zog sich mein Vater kampflos von den Stätten seines eben erst erworbenen Ruhmes zurück. Ohne die Degen zu kreuzen, legte er die Domäne seiner ehemaligen Herrlichkeit in die Hand des Feindes. Der freiwillig Verbannte wich in ein leeres Zimmer am Ende des Flures zurück und verschanzte sich dort mitsamt der Einsamkeit.

Wir vergaßen ihn.

Wieder umzingelte uns von allen Seiten das Trauergrau der Stadt, es erblühte in den Fenstern mit den dunklen Flechten des frühen Morgens, mit dem schmarotzenden Schimmel der Dämmerung, der sich zum buschigen Pelz der langen Winternächte auswuchs. Die Tapeten der Zimmer, in jenen Tagen wohlig gelockert und offen für das farbenfrohe Umherfliegen der geflügelten Schar, schlossen sich wieder in sich selbst und verdichteten sich, verstrickt in die Monotonie bitterer Monologe.

Die Kronleuchter waren verwelkt und schwarz geworden wie alte Disteln. Sie hingen nun trübselig und mißmutig da und klirrten leise mit ihren Glaskristallen, wenn jemand durch den grauen Dämmer des Zimmers tappte. Vergeblich steckte Adela farbige Kerzen auf alle Arme dieser Leuchter, ein untauglicher Ersatz, eine blasse Erinnerung an die herrlichen Illuminationen, in denen diese hängenden Gärten noch vor kurzem geblüht hatten. Ach! wo war das zwitschernde Knospen geblieben, die hastige und phantastische Fruchtbarkeit in den Leuchterbuketts, aus denen wie aus explodierenden Wundertorten geflügelte Phantasmen aufgeflogen waren, um die Luft wie einen Satz magischer Karten zu zerschmettern und sie zu farbenprächtigem Applaus zu zerstäuben, Phantasmen, die dichte Plättchen aus Azur, aus Pfauengrün, aus Papageiengrün und metallischem Glanz verstreuten, Linien und Arabesken in die Luft zeichneten, flackernde Spuren des Fliegens und Kreisens, und bunte Fächer aus Geflatter entfalteten, die sich noch lange nach dem Verfliegen in der prächtigen, glitzernden Atmosphäre hielten. Noch immer verbargen sich in der Tiefe der ergrauten Aura die Echos und Möglichkeiten bunten Aufblitzens, doch stach nun niemand mit einer Flöte hinein, und niemand prüfte die getrübte Maserung der Luft mit dem Bohrer.

Diese Wochen standen unter dem Zeichen einer seltsamen Schläfrigkeit.

Die Betten wurden den ganzen Tag nicht gemacht und standen wie tiefgängige Schiffe da, vollgepackt mit zerknülltem, von schweren Träumen hin und her gewälztem Bettzeug, bereit, in die nassen und verworrenen Labyrinthe eines schwarzen, sternlosen Venedigs auszulaufen. Im stillen Morgendämmer brachte Adela uns den Kaffee. Träge kleideten wir uns in den kalten Zimmern an, beim Kerzenlicht, das sich in den schwarzen Fensterscheiben vielfach widerspiegelte. Diese Tagesanbrüche waren mit planlosem Herumkramen angefüllt, mit endlosem Suchen in verschiedenen Schubladen und Schränken. In der ganzen Wohnung war das Klappern von Adelas Schühchen zu hören. Die Gehilfen hatten die Laternen angezündet, nahmen aus der Hand meiner Mutter die großen Ladenschlüssel entgegen und gingen in die dichte, wirbelnde Finsternis hinaus. Meine Mutter kam mit ihrer Toilette nicht zurecht. Die Kerzen im Leuchter waren erloschen. Adela war irgendwo in entlegene Zimmer oder auf den Dachboden entschwunden, wo sie Wäsche aufhängte. Sie war nicht in Rufweite. Das noch junge, diffuse und schmutzige Feuer im Ofen leckte die kalten, glitzernden Rußgewächse im Rachen des Kamins auf. Die Kerze erlosch, und das Zimmer versank in Dunkelheit. Den Kopf auf dem Tischtuch, inmitten von Frühstücksresten, schliefen wir halb angezogen ein. Mit dem Gesicht auf dem pelzigen Bauch der Finsternis liegend, glitten wir auf ihrem wogenden Atem davon in ein sternloses Nichts. Adelas lautstarkes Abräumen weckte uns. Meine Mutter war mit ihrer Toilette nicht fertig geworden. Sie war noch nicht frisiert, als die Gehilfen zum Mittagessen kamen. Die Dämmerung auf dem Marktplatz hatte die Farbe goldenen Rauches angenommen. Einen Moment lang konnte dieser rauchige Honig, dieser milchige Bernstein die allerschönsten Nachmittagsfarben hervorbringen. Doch der glückliche Moment verging, das Amalgam des Morgenlichts war verblüht, das quellende Tagesferment, beinahe schon ganz aufgegangen, fiel wieder in sich zusammen, zurück in kraftloses Grau. Wir setzten uns zu Tisch, die Gehilfen rieben sich die vor Kälte geröteten Hände und die Prosa ihrer Gespräche holte plötzlich den ganzen Tag herbei, einen grauen, leeren Dienstag, einen Tag ohne Gesicht und Tradition. Doch als auf dem Tisch die Platte mit Fisch in glasigem Gelee erschien, zwei große Fische, Seite an Seite liegend, Kopf an Schwanz wie das Tierkreiszeichen, erkannten wir darin das Wappen des Tages, das Emblem eines namenlosen Kalenderdienstags, und wir teilten ihn schnell unter uns auf, überaus erleichtert, daß der Tag damit seine Physiognomie wiedererlangt hatte.

Die Gehilfen verzehrten ihn salbungsvoll, mit dem Ernst einer Kalenderzeremonie. Der Geruch von Pfeffer verbreitete sich im Zimmer. Und als sie mit einem Wecken die Reste des Gelees von den Tellern wischten, dabei in Gedanken die Heraldik der kommenden Wochentage erwogen und auf der Platte nur die Köpfe mit den ausgekochten Augen übrigließen, da fühlten wir alle, daß der Tag mit vereinten Kräften besiegt war und daß der Rest nun keine Bedeutung mehr hatte.

In der Tat machte Adela mit diesem Rest, der ihrer Gnade überlassen war, keine großen Umstände. Mit den Töpfen klappernd und mit kaltem Wasser platschend beseitigte sie energisch die wenigen Stunden bis zur Dämmerung, die meine Mutter auf der Ottomane verschlief. Unterdessen wurde im Speisezimmer schon die Abendszenerie vorbereitet. Polda und Paulina, die beiden Näherinnen, richteten sich dort mit den Requisiten ihres Fachs ein. Auf ihren Schultern getragen kam eine schweigende und reglose Frau ins Zimmer, eine Dame aus Werg und Leinen mit einer schwarzen Holzkugel an Stelle des Kopfes. Doch in der Ecke zwischen Tür und Ofen aufgestellt, wurde die stille Dame zur Herrin der Situation. Aus ihrer Ecke heraus beaufsichtigte sie, regungslos dastehend und schweigend, die Arbeit der Mädchen. Kritisch und ungnädig nahm sie die Bemühungen und Liebedienereien entgegen, wenn die beiden vor ihr niederknieten, um ihr die mit weißer Heftnaht markierten Kleiderteile anzumessen. Behutsam und geduldig bedienten die beiden das Idol, das durch nichts zufriedenzustellen war. Dieser Moloch war unerbittlich, wie nur ein weiblicher Moloch es sein kann, und schickte sie fortwährend abermals an die Arbeit zurück, und die beiden Frauen, spindelförmig und schlank wie hölzerne Spulen, von denen man Fäden abwickelt, und ebenso geschwind, hantierten mit anmutigen Bewegungen über dem Haufen von Seide und Tuch, fraßen sich mit klappernden Scheren in die bunte Masse hinein, traten mit den billigen Lackfüßchen das Pedal, daß die Maschinen ratterten, und ringsum wuchs ein Haufen Abfälle, verschiedenfarbige Fetzen und Lumpen, wie ausgespuckte Hülsen und Spelzen um zwei verwöhnte und verschwenderische Papageien. Die krummen Kiefer der Schere öffneten sich kreischend wie die Schnäbel dieser bunten Vögel.

Die Mädchen traten achtlos auf die farbigen Schnipsel, wateten gedankenlos durch die Abfälle eines möglichen Karnevals, wie in der Rumpelkammer einer großartigen, jedoch nicht verwirklichten Maskerade. Sie klopften die Fetzen mit nervösem Lachen von sich ab und kitzelten die Spiegel mit den Augen. Ihre Seelen, die flinke Zauberei ihrer Hände, steckten nicht in den langweiligen, auf dem Tisch liegenbleibenden Kleidern, sondern in den Hunderten von Überbleibseln, in den leichtsinnigen und flatterhaften Spänen, mit denen sie die ganze Stadt wie mit einem farbenprächtigen, phantastischen Schneegestöber hätten überschütten können. Plötzlich war ihnen heiß und sie öffneten das Fenster, um in ihrer einsamen Ungeduld, mit ihrem Hunger nach anderen Gesichtern, wenigstens das namenlose, ans Fenster gepreßte Gesicht der Nacht zu sehen. Sie fächelten ihre erhitzten Wangen mit der Winternacht, von der sich die Gardinen bauschten, sie entblößten die flammenden Dekolletés, erfüllt von Haß und Rivalität, bereit, sich in den Kampf um einen Pierrot zu stürzen, den eine dunkle Nachtbrise ans Fenster hätte wehen können. Ach! wie wenig verlangten sie von der Wirklichkeit. Sie hatten alles in sich, sie hatten ein Übermaß von allem in sich. Ach! es hätte ihnen ein mit Sägemehl ausgestopfter Pierrot genügt, ein, zwei langersehnte Worte, um in ihre seit langem vorbereitete Rolle fallen zu können, die sich schon seit langem voll süßer und schrecklicher Bitterkeit auf ihren Lippen drängte, die Rolle, die sie so heftig mit sich fortriß wie die Seiten eines Romans, den sie des Nachts mit tränenüberströmtem, gerötetem Antlitz verschlangen.

Bei einer seiner allabendlichen, in Adelas Abwesenheit unternommenen Wanderungen durch die Wohnung stieß mein Vater auf diese stille, abendliche Séance. Mit der Lampe in der Hand stand er einen Augenblick in der dunklen Tür des angrenzenden Zimmers, unter dem Zauber der von Fieber und Wangenrot erfüllten Szene, dieser Idylle aus Puder, farbigem Löschpapier und Atropin, vor dem Hintergrund der bedeutungsschweren Winternacht, die durch die wogenden Gardinen atmete. Er setzte die Brille auf, trat ein paar Schritte näher, umkreiste die Mädchen und beleuchtete sie mit der emporgehobenen Lampe. Der Durchzug aus der offenen Tür hob die Gardinen vom Fenster, die beiden Fräuleins ließen sich betrachten, sie drehten sich in den Hüften, blitzten mit dem Email ihrer Augen, mit dem Lack der quietschenden Schühchen, mit den Strumpfhalterspangen unter dem vom Wind gebauschten Kleid; die Stoffläppchen flohen wie Ratten über den Fußboden durch die angelehnte Tür des dunklen Zimmers, mein Vater betrachtete die auflachenden Persönchen aufmerksam und flü-

sterte halblaut: »*Genus avium* … wenn mich nicht alles täuscht, *scansores* oder *pistacci* … höchst bemerkenswert.«

Diese zufällige Begegnung war der Beginn einer ganzen Serie von Séancen, bei denen es meinem Vater rasch gelang, die Fräuleins kraft seiner überaus wundersamen Persönlichkeit in den Bann zu ziehen. Für die galante und witzige Konversation, mit der er ihnen die abendliche Leere füllte, revanchierten sich die Mädchen, indem sie dem entflammten Forscher erlaubten, die Struktur ihrer schlanken und armseligen Körperchen zu studieren. Dies geschah im Laufe der Konversation, mit dem Ernst und der Noblesse, die noch den riskantesten Punkten der Untersuchungen ihren zweideutigen Anschein nahm. Indem er Paulina den Strumpf vom Knie streifte und mit verzücktem Blick die kompakte und edle Konstruktion des Gelenks studierte, sprach mein Vater: »Wie reizvoll und wie glücklich ist die Form des Daseins, die Sie erwählten. Wie schön und einfach ist die These, deren Verkündung Ihnen durch Ihr Leben gegeben ist. Doch mit welcher Meisterschaft, mit welcher Finesse Sie sich dafür dieser Aufgabe entziehen. Sollte ich allen Respekt vor dem Schöpfer ablegen und mir mit Kritik an der Schöpfung die Zeit vertreiben, so riefe ich: Weniger Inhalt, mehr Form! Ach, wie erleichtert wäre die Welt, wenn sie des Inhalts verlustig ginge. Mehr Bescheidenheit in den Absichten, mehr Zurückhaltung in den Ansprüchen, Ihr Herren Demiurgen, und die Welt wäre vollkommener!«, rief mein Vater, während seine Hand die weiße Wade Paulinas aus den Fesseln des Strumpfes löste. In diesem Moment stand Adela in der offenen Tür des Speisezimmers, sie trug ein Tablett mit der Vesper. Es war das erste Aufeinandertreffen der zwei feindlichen Mächte seit der Zeit der großen Fehde. Wir alle, die wir bei dem Zusammentreffen assistierten, erschraken sehr. Es tat uns außerordentlich leid, Zeugen einer neuerlichen Erniedrigung des ohnehin schwer geprüften Mannes zu sein. Mein Vater erhob sich sehr verlegen von den Knien, in immer dunkleren Wellen überflutete die aufwallende Scham sein Gesicht. Doch Adela zeigte sich ganz unerwartet der Situation gewachsen. Sie ging lächelnd auf meinen Vater zu und gab ihm einen Stups auf die Nase. Auf dieses Zeichen hin klatschten Polda und Paulina freudig in die Hände, trampelten mit den Füßchen, hängten sich von beiden Seiten bei meinem Vater ein und tanzten mit ihm um den Tisch herum. So löste sich, dank der Gutherzigkeit der Mädchen, der Keim des peinlichen Konflikts in allgemeine Fröhlichkeit auf.

Das war der Beginn der überaus interessanten

und wunderlichen Vorlesungen, die mein Vater, vom Charme des kleinen und unschuldigen Auditoriums inspiriert, in den folgenden Wochen dieses zu frühen Winters hielt.

Es ist bemerkenswert, wie sich alle Dinge, die mit diesem ungewöhnlichen Menschen in Berührung kamen, gleichsam in die Wurzeln ihres Daseins zurückzogen, ihr Erscheinen bis hinein in den metaphysischen Kern neu aufbauten, gewissermaßen zur Ur-Idee zurückkehrten – um sie hier, an diesem Punkt zu verraten und sie in die dubiosen, riskanten und zweideutigen Regionen zu ziehen, die wir hier kurz Regionen der großen Häresie nennen wollen. Unser Häresiarch wandelte wie ein Magnetiseur inmitten der Dinge, steckte sie an und verführte sie mit seinem gefährlichen Zauber. Soll ich auch Paulina als sein Opfer bezeichnen? Sie wurde in jenen Tagen seine Schülerin, die Adeptin seiner Theorien, das Modell seiner Experimente.

Ich will mich hier nun bemühen, mit angemessener Vorsicht und unter Vermeidung jeglicher Empörung die überaus ketzerische Doktrin darzulegen, von der mein Vater damals monatelang besessen war und die all sein Tun beherrschte.

TRAKTAT ÜBER DIE SCHNEIDERPUPPEN ODER DAS ZWEITE BUCH GENESIS

»Der Demiurg«, sprach mein Vater, »besaß kein Schöpfungsmonopol – jeder Geist hat das Privileg der Schöpfung. Der Materie ist grenzenlose Fruchtbarkeit gegeben, unerschöpfliche Vitalität und zugleich eine verführerische Kraft der Versuchung, die uns zum Gestalten verlockt. In der Tiefe der Materie entsteht diffuses Gelächter, es bilden sich Spannungen, es verdichten sich Gestaltversuche. Die ganze Materie wabert von den unendlichen Möglichkeiten, die sie wie sanfte Schauer überlaufen. Während des Wartens auf den lebenspendenden Hauch eines Geistes ergießt sie sich endlos in sich selbst, lockt mit tausend süßen Rundungen und Weichheiten, den Phantasiegeburten ihrer ausweglosen Träumereien.

Ohne jegliche eigene Initiative, wollüstig nachgiebig, formbar wie ein Weib, allen Impulsen folgend, bildet die Materie ein dem Gesetz entzogenes, für Scharlatanerie und Dilettantismus aller Art offenes Terrain, eine Domäne für allerlei Mißbrauch und dubiose demiurgische Manipulationen. Sie ist das passivste und wehrloseste Wesen im Kosmos. Jeder kann sie kneten und formen, sie fügt sich jedem. Alle Organisationen der Materie sind unbeständig und lose, leicht rückgängig zu machen und aufzulösen. Das Leben immer wieder auf neue und andere Formen zu reduzieren ist nichts Böses. Mord ist keine Sünde. Mitunter ist er die notwendige Gewalt gegen widerspenstige und verknöcherte Daseinsformen, die keinen Reiz mehr haben. Im Interesse eines spannenden und wichtigen Experiments kann Mord sogar ein Verdienst sein. Hier ist der Ausgangspunkt für eine neue Apologie des Sadismus.«

Mein Vater war unerschöpflich, wenn es um die Glorifizierung der Materie ging, dieses so überaus sonderbaren Elements. »Es gibt keine tote Materie«, lehrte er, »der Zustand des Todes ist nur der Schein, hinter dem sich unbekannte Lebensformen verbergen. Die Skala dieser Formen ist unendlich, und ihre Schattierungen und Nuancen sind unerschöpflich. Der Demiurg war im Besitz wichtiger und spannender Schöpfungsrezepte. Ihnen verdanken wir die Schöpfung der vielen Arten, die sich aus eigener Kraft erneuern. Wir wissen nicht, ob diese Rezepte irgendwann rekonstruiert werden. Aber letzteres ist auch nicht nötig, denn selbst wenn sich diese klassischen Methoden der Schöpfung als für immer verloren erweisen sollten, so bleiben doch noch einige illegale Methoden, eine Überfülle häretischer und frevelhafter Methoden.«

Im gleichen Maße wie sich mein Vater von den allgemeinen Prinzipien der Kosmogonie entfernte, um sich dem Terrain seiner engeren Interessen zu nähern, senkte sich seine Stimme zu einem eindringlichen Flüstern, sein Vortrag wurde zunehmend kompliziert und konfus, und die gewonnenen Erkenntnisse verloren sich in immer dubiosere und riskantere Regionen. Sein Gestikulieren wurde feierlicher und esoterischer. Er kniff ein Auge zu, legte zwei Finger an die Stirn, und das Listige in seinem Blick wurde geradezu unheimlich. Mit dieser Listigkeit bohrte er sich in seine Interlokutorinnen hinein, mit dem Zynismus dieses Blicks tat er ihren schamhaftesten, intimsten Reserven Gewalt an und erwischte die in den hintersten Winkel Entfliehenden, drückte sie an die Wand und kitzelte und kratzte sie mit seinem ironischen Finger so lange, bis er ein Aufblitzen von Verständnis und Lachen erkitzelt hatte, das Lachen des Gewährenlassens und des Einverständnisses, vor dem man letztendlich kapitulieren mußte.

Die Mädchen saßen regungslos da, die Lampe blakte, das Tuch war längst unter der Nähmaschinennadel herausgerutscht, und die Maschine ratterte leer, sie steppte das schwarze sternenlose Tuch, das sich vom Ballen der Winternacht abwickelte.

»Zu lange haben wir unter dem Terror der unerreichbaren Vollkommenheit des Demiurgen gelebt«, sagte mein Vater, »zu lange hat die Vollkommenheit seines Werkes unser eigenes Schaffen gelähmt. Wir wollen nicht mit ihm konkurrieren. Wir haben keinerlei Ambitionen, es ihm gleichzutun. Wir wollen Schöpfer in unserer eigenen, niedrigeren Sphäre sein, wir wollen selber schöpferisch sein, wir wollen die Wonnen des Schaffens, wir wollen, mit einem Wort, die Demiurgie.« Ich weiß nicht, in wessen Namen mein Vater diese Postulate verkündete, welches Kollektiv oder welche Korporation, welche Sekte oder welcher Orden seinen Worten durch ihre Solidarität das Pathos verliehen hatte. Wir waren jedenfalls weit entfernt von jeglichen demiurgischen Gelüsten.

Doch mein Vater hatte inzwischen schon das Programm der zweiten Demiurgie entwickelt, das Bild der zweiten Generation der Geschöpfe, die in offener Opposition zur herrschenden Epoche stehen sollten: »Uns liegt nichts an Geschöpfen mit langem Atem, an Lebewesen auf lange Sicht«, sprach er. »Unsere Kreaturen werden keine Helden aus vielbändigen Romanen sein. Ihre Rollen werden kurz und lapidar, und ihre Charaktere ohne Hintergrund sein. Oft werden wir uns nur für eine einzige Geste, für ein einziges Wort der Mühe unterziehen, sie für diesen einen Augenblick ins Leben zu rufen. Wir bekennen offen: Weder auf Beständigkeit noch auf Solidität der Ausführung werden wir Nachdruck legen, unsere Geschöpfe werden gewissermaßen provisorisch, für das eine Mal gemacht sein. Wenn es Menschen werden sollen, dann geben wir ihnen zum Beispiel nur eine Gesichtshälfte, einen Arm und ein Bein, und zwar genau das für ihre Rolle benötigte. Es wäre Pedanterie, sich um ein zweites Bein zu kümmern, das nicht von Belang ist. Hinten können sie einfach mit Leinwand zugenäht oder weiß getüncht sein. Wir werden unseren Ehrgeiz in die stolze Devise legen: Für jede Geste ein anderer Darsteller. Für den Gebrauch jedes einzelnen Wortes und für jede einzelne Handlung rufen wir einen eigenen Menschen ins Leben. So gefällt es uns, das wird eine Welt nach unserem Gusto. Der Demiurg war in bewährte, vollkommene und komplizierte Materialien verliebt – bei uns hat der Trödel Vorrang. Wir sind ganz einfach hingerissen und begeistert von der billigen, schäbigen und schnöden Machart eines Materials. Versteht ihr«, fragte mein Vater, »den tiefen Sinn dieser Schwäche, dieser Leidenschaft für buntscheckiges Papier, für Pappmaché, Lackfarbe, Werg und Sägemehl? Es ist«, sagte er mit schmerzlichem Lächeln, »unsere Liebe zur Materie an sich, zu luftiger und poröser Materie, zu ihrer einzigartigen mystischen Konsistenz. Der Demiurg, der großartige Meister und Künstler, macht sie unsichtbar, er läßt sie unter dem Spiel des Lebens verschwinden. Wir hingegen lieben ihr Knirschen, ihre Widerspenstigkeit, ihre ungetüme Plumpheit. Uns gefällt es, in jeder Geste, jeder Bewegung ihr schwerfälliges Bemühen, ihre Trägheit, ihre drollige Bärenhaftigkeit zu sehen.«

Die Mädchen saßen mit glasigen Augen reglos da. Ihre Gesichter waren vom Zuhören langgezogen und verblödet, die Wangen hatten sie rot geschminkt, man hätte in diesem Moment nur schwer sagen können, ob sie der ersten oder der zweiten Generation der Schöpfung angehörten.

»Mit einem Wort«, so die Konklusion meines Vaters, »wir wollen den Menschen ein zweites Mal erschaffen, nach dem Ebenbild der Schneiderpuppe.«

Hier müssen wir um der getreuen Wiedergabe willen von einem winzigen und belanglosen Zwischenfall berichten, der sich an diesem Punkt des Vortrags ereignete und dem wir keinerlei Gewicht beimessen. Der Zwischenfall, gänzlich unverständlich und sinnlos in dieser Abfolge der Ereignisse, läßt sich wohl als ein Relikt eines Automatismus ohne Antezedenzien und Konsequenzen erklären, als eine Tücke des Objekts, übertragen auf das Gebiet der Psyche. Wir raten dem Leser, ihn ebenso leichthin zu ignorieren, wie wir es tun. Folgendes geschah:

In dem Moment, in dem mein Vater das Wort »Schneiderpuppe« aussprach, sah Adela auf die Armbanduhr und tauschte dann mit Polda einen vielsagenden Blick. Jetzt schob sie sich auf dem Stuhl eine Spanne weit nach vorn, hob den Saum des Kleides, streckte langsam den mit schwarzer Seide überzogenen Fuß vor und richtete ihn auf wie ein kleines Schlangenmaul.

So saß sie während der ganzen Szene völlig starr zwischen Polda und Paulina, mit großen, flatternden, vom Glanz des Atropins vertieften Azuraugen. Alle drei blickten mit aufgerissenen Augen auf meinen Vater. Mein Vater räusperte sich, verstummte, beugte sich vor und wurde plötzlich hochrot. In einem Augenblick verschloß sich die Lineatur seines soeben noch aufgewühlten und vibrierenden Gesichts hinter gedemütigten Zügen.

Er – der verzückte Häresiarch, kaum dem Sturm seiner Ekstase entronnen – sank plötzlich in sich zusammen, er knickte ein und wand sich. Doch vielleicht war er nur gegen einen anderen ausgetauscht worden. Dieser andere saß steif und hochrot mit gesenkten Lidern da. Fräulein Polda trat auf ihn zu und beugte sich über ihn. Sie tätschelte ihm den Rücken und sprach sanft ermunternd: »Jakub wird vernünftig sein, Jakub wird gehorsam sein, Jakub wird nicht trotzig sein. Na, also … Jakub, Jakub …«

Adelas aufgerecktes Schühchen bebte leicht und glitzerte wie das Zünglein einer Schlange. Mein Vater erhob sich langsam mit gesenkten Lidern, tat einen Schritt nach vorne wie ein Automat und fiel auf die Knie. Die Lampe zischelte in der Stille, im Dickicht der Tapeten flogen vielsagende Blicke hin und her, das huschende Getuschel giftiger Zungen, das Zickzack der Gedanken …

TRAKTAT ÜBER DIE SCHNEIDERPUPPEN FORTSETZUNG

Am nächsten Abend griff mein Vater, mit wiedergewonnener Beredsamkeit, sein dunkles und verworrenes Thema wieder auf. Die Lineatur seiner Falten glättete sich und zog sich mit raffinierter Arglist wieder zusammen. In jeder Spirale steckte ein Ironiegeschoß. Doch von Zeit zu Zeit weitete die Inspiration die Kreise seiner Falten, so daß sie zu einem riesigen Wirbel des Grauens anwuchsen und in schweigenden Voluten in die Tiefe der Winternacht entwichen. »Die Figuren eines Panoptikums, meine Damen«, begann er, »sind Kreuzweg-Parodien der Schneiderpuppen, doch hütet euch davor, sie allzu leichtfertig zu behandeln, selbst in dieser Gestalt. Die Materie versteht keinen Spaß. Sie ist immer von tragischem Ernst erfüllt. Wer könnte es wagen zu denken, man könne mit der Materie spielen, man könne sie nur zum Scherz formen und der Scherz wachse nicht in sie hinein, fräße sich nicht sofort in sie hinein wie das Schicksal, wie die Bestimmung?

Ahnt ihr den Schmerz, das stumme, eingesperrte Leid, das in die Materie eingeschmiedete Leid dieses Ungetüms, das nicht weiß, warum es ein solches ist und warum es in der gewaltsam aufgezwungenen Form verbleiben muß, die eine Parodie ist? Begreift ihr die Macht des Wortes, der Form, des Scheins, der tyrannischen Willkür, mit welcher der Schmerz sich auf den wehrlosen Holzklotz stürzt und ihn beherrscht wie eine eigene, tyrannische, überhandnehmende Seele? Ihr verleiht irgendeinem Kopf aus Werg und Leinwand den Ausdruck des Zorns und laßt ihn mit diesem Ärger, mit dieser Konvulsion, mit dieser Anspannung für alle Zeiten allein, eingeschlossen mitsamt der blinden Wut, für die es kein Ventil gibt. Die Menge lacht über diese Parodie. Weinen solltet ihr, meine Damen, über euer eigenes Schicksal, wenn ihr das Elend der gefesselten, geknechteten Materie seht, die nicht weiß, wer sie ist, wozu es sie gibt und wohin die Geste führen wird, die ihr für alle Zeiten gegeben ist.

Die Menge lacht. Begreift ihr den furchtbaren Sadismus, die berauschende, demiurgische Grausamkeit dieses Gelächters? Denn schließlich, meine Damen, sollten wir angesichts des Elends der Materie das eigene Schicksal beweinen, angesichts der vergewaltigten Materie, der gräßliches Unrecht widerfahren ist. Von daher, meine Damen, rührt der

schreckliche Kummer all der närrischen Golems, all der Ungetüme, die in tragische Grübelei über ihre lächerliche Grimasse verfallen sind.

Hier der Anarchist Lucchesini, Mörder von Kaiserin Elisabeth, dort Draga, die dämonische und unglückliche Königin von Serbien, und dort der geniale Jüngling, Hoffnung und Stolz seiner Familie, durch seine verhängnisvolle Neigung zur Onanie zugrunde gerichtet. Welch Ironie der Namen und des Scheins!

Ist denn in diesem Ungetüm tatsächlich etwas von der Königin Draga, ist es ein Doppelgänger, ein weit entfernter Schatten ihres Wesens? Diese Ähnlichkeit, dieser Schein, dieser Name beruhigt uns und erlaubt uns nicht die Frage, wer denn dieses unselige Geschöpf in seinen eigenen Augen ist. Und doch muß es jemand sein, meine Damen, ein Anonymus, ein Gefährlicher, ein Unglückseliger, jemand, der in seinem dumpfen Leben noch nichts von Königin Draga gehört hat …

Habt ihr je in den Nächten das schreckliche Heulen der in Jahrmarktsbuden eingeschlossenen wächsernen Ungetüme gehört, den kläglichen Chor dieser hohlen Rümpfe aus Holz und Porzellan, die mit Fäusten an die Wände ihrer Gefängnisse hämmern?«

Im Gesicht meines Vaters, das aufgewühlt vom

Grauen der Dinge war, die er aus der Dunkelheit heraufbeschworen hatte, bildete sich ein Faltenwirbel, ein in die Tiefe wachsender Trichter, auf dessen Grund ein prophetisches Auge bedrohlich glomm. Sein Bart war seltsam gesträubt, die haarigen Büschel und Pinsel, die aus den Warzen, Leberflecken und Nasenlöchern hervorschossen, hatten sich in ihren Wurzeln aufgestellt. So stand er da, starr, mit brennenden Augen, bebend vor innerer Empörung, wie ein Automat, der ins Stocken gekommen und an einem toten Punkt stehengeblieben ist.

Adela erhob sich vom Stuhl und bat uns, die Augen zu schließen vor dem, was nun gleich geschehen werde. Sie ging auf meinen Vater zu und verlangte, die Hände in die Hüften gestemmt, was den Anschein betonter Entschlossenheit verstärkte, mit aller Deutlichkeit … ——————————————

Die Fräuleins saßen steif da, den Blick gesenkt, in seltsamer Erstarrung …

TRAKTAT ÜBER DIE SCHNEIDERPUPPEN SCHLUSS

An einem der nächsten Abende setzte mein Vater seinen Vortrag mit folgenden Worten fort:

»Nicht von den Gestalt gewordenen Mißverständnissen, nicht von den traurigen Parodien, meine Damen, und nicht von den Früchten primitiver und vulgärer Unbeherrschtheit wollte ich sprechen, als ich meine Abhandlung über die Schneiderpuppen ankündigte. Ich hatte etwas anderes im Sinn.«

Hier nun begann mein Vater vor unseren Augen das Bild einer von ihm erträumten *generatio aequivoca* anzufertigen, das Bild einer Generation nurmehr halborganischer Wesen, einer Pseudovegetation und Pseudofauna, das Bild der Produkte einer phantastischen Fermentation der Materie.

Es waren Geschöpfe, die nur zum Schein den Lebewesen – Wirbeltieren, Krustentieren und Gliederfüßern – glichen, doch dieser Schein trog. In Wirklichkeit waren es amorphe Wesen ohne jede innere Struktur, Früchte der imitativen Absichten gedächtnisbegabter Materie, die ihre einmal angenommenen Formen aus Gewohnheit wiederholt. Die Skala der Morphologie, der die Materie unterliegt, ist sowieso begrenzt, und ein gewisser Formenvorrat wiederholt sich ständig auf den verschiedenen Seinsebenen.

Geschöpfe, die sensibel auf Reize reagierten, die sich bewegten und doch vom wirklichen Leben weit entfernt waren, konnte man gewinnen, indem man bestimmte komplizierte Kolloide in Kochsalzlösung hängte. Diese Kolloide formierten sich nach einigen Tagen, sie organisierten sich zu einer bestimmten Substanzverdichtung, die an niedere Formen der Fauna erinnerte.

Bei den so entstandenen Geschöpfen konnte man zwar sowohl Atmungsvorgang als auch Stoffwechsel feststellen, doch die chemische Analyse ergab keinerlei Spuren von Eiweiß- oder gar Kohlenstoffverbindungen.

Diese primitiven Formen waren allerdings gar nichts im Vergleich zu dem Formenreichtum und zu der Herrlichkeit der Pseudofauna und Pseudoflora, die mitunter in genau definiertem Milieu auftritt. Ein solches Milieu findet sich in alten Wohnungen, die von den Emanationen vieler Lebensgeschichten und Ereignisse durchtränkt sind – abgenutzte Atmosphären, angereichert mit den spezifischen Ingredienzien menschlicher Träume – es findet sich in Trümmerhaufen, die vom Humus der Erinnerungen, von Sehnsüchten und leerer Langeweile gesättigt sind. Auf solchem Boden keimte diese Pseudovegetation schnell und oberflächlich, üppig und ephemer schmarotzend, sie brachte kurzlebige Generationen hervor, die plötzlich und herrlich aufblühten, um alsbald zu vergehen und zu verwelken.

Die Tapeten in solchen Wohnungen müssen schon sehr verschlissen und von der unablässigen Wanderung durch alle Rhythmuskadenzen gelangweilt sein, so verwundert es nicht, daß sie auf die Abwege weit entfernter, riskanter Schwärmereien geraten. Das Innerste, die Substanz der Möbel muß bereits bröckelig sein, degeneriert und sündhaften Verlockungen erlegen: Dann erblüht auf dem kranken, maroden und verwilderten Boden ein phantastischer Belag aus farbenprächtigem, wucherndem Schimmel, wie ein schöner Hautausschlag.

»Sie wissen«, sagte mein Vater, »daß es in alten Wohnungen Zimmer gibt, die man vergißt. Monatelang von niemandem aufgesucht, welken sie einsam und verlassen zwischen den alten Mauern dahin, und es kommt vor, daß sie sich verkapseln, daß sie mit Backstein zuwachsen und, ein für allemal unserem Gedächtnis entrissen, langsam auch ihre Existenz verlieren. Die Türen, die vom Absatz irgendeiner Hintertreppe zu ihnen führen, wurden vielleicht so lange von den Hausbewohnern übersehen, bis sie in die Wand eingewachsen, in die Wand übergegangen sind, die dann mit phantastischen Zeichnungen aus Rissen und Sprüngen die Spuren verwischte.«

»Einmal«, sagte mein Vater, »bin ich nach vielen Monaten Abwesenheit gegen Ende des Winters frühmorgens in einen dieser halbvergessenen Trakte gegangen und war erstaunt, wie die Zimmer aussahen.

Aus allen Fußbodenritzen, von allen Simsen und aus allen Leibungen schossen dünne Triebe hervor und durchdrangen die graue Luft mit dem flimmernden Spitzenbesatz filigranen Blattwerks, einem durchbrochenen Treibhausdickicht, erfüllt vom Wispern, Glitzern und Gaukeln eines unechten und glückseligen Frühlings. Um das Bett herum, unter dem vielarmigen Leuchter und an den Schränken entlang schwankten Gruppen zierlicher Bäume, sie stoben hinauf in leuchtende Kronen, in Fontänen aus geklöppeltem Laub, die an einem mit zerstäubtem Chlorophyll bemalten Deckenhimmel anstießen. Beim übereilten Aufblühen entfalteten sich in diesem Blättergewirr riesige weiße und rosa Blüten, man konnte zusehen, wie sie Knospen trieben, wie sie mit dem rosa Fruchtfleisch aus ihrer Mitte wucherten und über die Ränder quollen, wie sie die Blütenblätter verloren und rasch verwelkten.«

»Ich war glücklich«, sagte mein Vater, »über das unverhoffte Blühen, das die Luft mit flimmerndem Rascheln und sanftem Säuseln erfüllte und das wie buntes Konfetti durch die spärlichen, dünnen Zweige rieselte.

Ich sah, wie dieses Hochschießen, dieses Strotzen und dieser Zerfall der phantastischen Oleandersträucher, deren riesige, rosafarbene Blütendolden im Zimmer wie vereinzelte und schläfrige Schneeflocken umherwirbelten, dem Wabern der Luft, nämlich der Fermentation einer überreichen Aura entströmt war und sich materialisiert hatte.«

»Bevor der Abend hereinbrach«, so schloß mein Vater, »war jede Spur des herrlichen Blühens verschwunden. Die ganze trügerische Fata Morgana war nur eine Mystifikation, eine seltsame Simulation von Materie, die sich den Anschein von Leben gab.«

Mein Vater war an diesem Tag merkwürdig beschwingt, seine Blicke, listige und ironische Blicke, sprühten hitzig und launisch. Später, plötzlich wieder ernst geworden, prüfte er aufs neue die unendliche Palette von Formen und Schattierungen, welche die vielgestaltige Materie angenommen hatte. Ihn faszinierten die Grenzformen, so dubiose und problematische Formen wie das Ektoplasma der Somnambulen, die Pseudomaterie, die kataleptische Emanation des Gehirns, die sich in manchen Fällen von den Lippen eines in Schlaf Versetzten über den ganzen Tisch breitete und das ganze Zimmer wie ein schwebendes, hauchdünnes Gewebe ausfüllte, astraler Teig, an der Grenze zwischen Körper und Geist.

»Wer weiß«, sagte er, »wie viele leidende, verkrüppelte, fragmentarische Erscheinungsformen des Lebens es gibt, etwa das künstlich zusammengeleimte, mit Nägeln grob zurechtgezimmerte Leben der Schränke und Tische oder das des gekreuzigten Holzes, der stillen Märtyrer grausamer menschlicher Erfindung. Die furchtbaren Transplantationen fremder und sich hassender Baumarten, die zu einer einzigen unglücklichen Persönlichkeit zusammengeschmiedet werden.

Wieviel altes, weises Leid ist in den gebeizten Jahresringen, Adern und Maserungen unserer alten, vertrauten Schränke. Wer wird darin die alten, glattgehobelten, bis zur Unkenntlichkeit herauspolierten Züge, das Lächeln und die Blicke erkennen!«

Während er so sprach, verlief sich das Gesicht meines Vaters in eine gedankenverlorene, faltige

Lineatur, es sah schon aus wie die Fladern und Astlöcher alter Bretter, aus denen alle Erinnerung fortgehobelt war. Wir dachten kurz, mein Vater werde in den Zustand der Erstarrung verfallen, der ihn mitunter heimsuchte, doch plötzlich schreckte er auf, kam zur Besinnung und fuhr fort:

»Die mystischen Volksstämme von damals balsamierten ihre Toten ein. Dann wurden sie in die Wohnungswände eingearbeitet, ihre Körper und Gesichter eingemauert; im Salon stand ein ausgestopfter Vater, seine gegerbte verstorbene Frau war der Teppich unter dem Tisch. Ich kannte einen Kapitän, der in seiner Kajüte eine Melusine als Lampe hatte, die von malaiischen Balsamierern aus seiner ermordeten Geliebten gefertigt worden war. Auf dem Kopf hatte sie ein riesiges Hirschgeweih.

In der Stille der Kajüte hob der zwischen den Geweihstangen an der Decke befestigte Kopf langsam die Augenwimpern; zwischen den halb geöffneten Lippen glitzerte ein Speichelfilm, der beim leisen Flüstern riß. Kopffüßler, Schildkröten und Riesenkrabben, die am Deckengebälk als Kronleuchter und Kandelaber aufgehängt waren, strampelten in der Lautlosigkeit unaufhörlich mit den Beinen, traten in einem fort auf der Stelle.« – – – –

Das Gesicht meines Vaters überzog sich mit dem Ausdruck von Sorge und Kümmernis, während seine Gedanken auf den Umwegen unbekannter Assoziationen zu neuen Beispielen übergingen:

»Soll ich es verschweigen«, sprach er mit gedämpfter Stimme, »daß sich mein Bruder infolge einer langwierigen und unheilbaren Krankheit allmählich in einen Ballen Gummidärme verwandelt hatte, daß meine arme Cousine ihn Tag und Nacht auf einem Kissen umhertrug und dem unglückseligen Geschöpf die endlosen Wiegenlieder der Winternächte vorsummte? Kann es etwas Traurigeres geben als einen Menschen, der in einen Klistierschlauch verwandelt wurde? Welch eine Enttäuschung für die Eltern, welch eine Irreführung ihrer Gefühle, welch Zersplittern aller Hoffnungen, die man in den vielversprechenden Jüngling gesetzt hatte! Und dennoch begleitete ihn die treue Liebe der armen Cousine auch bei dieser Verwandlung.«

»Ach! Ich halte es nicht länger aus, ich kann das nicht mehr hören!« stöhnte Polda und beugte sich auf dem Stuhl vor. »Bring ihn zum Schweigen, Adela.« ————————————————

Die Mädchen standen auf. Adela ging auf meinen Vater zu und machte mit dem ausgestreckten Finger eine Kitzelbewegung. Mein Vater wurde verlegen, verstummte und wich voll Entsetzen vor dem zuckenden Finger Adelas zurück. Sie ging ihm nach, drohte ihm giftig mit dem Finger und drängte ihn Schritt für Schritt aus dem Zimmer. Paulina gähnte und streckte sich. Sie und Polda lehnten sich mit den Schultern aneinander und blickten sich lächelnd in die Augen.

NIMROD

In diesem Jahr spielte ich den ganzen August über mit einem kleinen famosen Hündchen, das sich eines Tages auf unserem Küchenfußboden fand, tolpatschig und fiepend, noch nach Milch und Säugling riechend, mit einem ungeformten, rundlichen, zitternden Köpfchen, zur Seite gespreizten Pfötchen wie ein Maulwurf und dem zartesten, weichsten Fell.

Auf den ersten Blick hatte diese Handvoll Leben das ganze Entzücken, den ganzen Enthusiasmus der Knabenseele erobert.

Von welchem Himmel war er so unverhofft gefallen, dieser Liebling der Götter, der das Herz so viel mehr erfreute als die allerschönsten Spielsachen? Daß aber auch alte, gänzlich uninteressante Geschirrabwäscherinnen mitunter solch hervorragende Einfälle haben und aus der Vorstadt – zu durchaus früher, transzendental morgendlicher Stunde – ein Hündchen wie dieses in unsere Küche bringen konnten!

Ach! Man war ja – leider – noch nicht dagewesen, noch nicht aus dem dunklen Schoß des Schlafes geboren, und schon hatte das Glück Gestalt angenommen, es wartete schon auf uns, lag unbeholfen auf dem kühlen Küchenboden, und Adela und die Hausbewohner wußten es nicht zu schätzen. Warum hatte man mich nicht früher geweckt! Ein Tellerchen mit Milch auf dem Fußboden zeugte von Adelas mütterlichen Impulsen, es zeugte leider auch von den Momenten der Vergangenheit, die mir auf immer verlorengegangen waren, von den Wonnen übernommener Mutterschaft, an denen ich nicht teilgenommen hatte.

Doch vor mir lag noch die ganze Zukunft. Welch unermeßliche Erfahrungen, Experimente und Entdeckungen sich mir nun eröffneten! Das Rätsel des Lebens, sein ureigenes Geheimnis, zurückgeführt auf diese schlichtere und handlichere Spielzeugform, enthüllte sich hier der ungestillten Neugier. Wie außerordentlich interessant es war, so ein winziges Stückchen Leben zu besitzen, so ein Teilchen vom ewigen Geheimnis in so drolliger und neuer Gestalt, die mit der überraschenden Transposition des gleichen, auch uns innewohnenden Lebensfadens auf eine von uns abweichende, nämlich tierische Form in ihrer Fremdheit unendliche Neugier und geheimen Respekt weckte.

Tiere! Das Ziel ungestillter Neugierde, die Exemplifikationen des Lebensrätsels, als seien sie dazu geschaffen, dem Menschen den Menschen zu zeigen, seinen Reichtum und seine Komplikationen in tausend kaleidoskopische Möglichkeiten zu zerlegen, von denen jede zu einem paradoxen Extrem, zu einer mit Charakter gefüllten Wucherung führte. Unbelastet vom Gewirr egoistischer Interessen, von denen die zwischenmenschlichen Beziehungen getrübt sind, ging einem das Herz auf, voller Sympathie für die fremden Emanationen des ewigen Lebens, im Zusammenspiel mit einer Liebesneugier, die sich als Hunger nach Selbsterkenntnis ausgab.

Das Hündchen war samtig und warm, es pulsierte mit einem kleinen, eiligen Herzen. Es hatte zwei weiche Schlappohren, bläuliche, trübe Äuglein, ein rosa Schnäuzchen, in das man gefahrlos den Finger stecken konnte, zarte und unschuldige Pfötchen mit einem rührenden rosa Wärzchen an der Rückseite der Vorderläufe. Gierig und ungeduldig, wie es war, tappte es damit in die Milchschüssel, schlabberte das Getränk mit seinem rosigen Zünglein auf, um nach erfolgter Sättigung sein kleines Maul mit einem Milchtropfen am Kinn jämmerlich zu heben und sich ungeschickt aus dem Milchbad zurückzuziehen.

Sein Gang war ein linkisches Torkeln, schief seitwärts in unbestimmte Richtung, einer beschwipsten, wackeligen Linie folgend. Die Dominante seiner Stimmung war undefinierte und prinzipielle Wehmut, Verlassenheit und Ratlosigkeit – die Unfähigkeit, die Leere des Lebens zwischen den Abenteuern der Mahlzeiten mit irgend etwas zu füllen. Das äußerte sich in der Planlosigkeit und Inkonsequenz der Bewegungen, in irrationalen Anfällen von Nostalgie mit kläglichem Winseln sowie im Unvermögen, sich einen Platz zu finden. Noch im Tiefschlaf, wenn es das Bedürfnis nach Anlehnung und Liebkosung mit seinem eigenen, zu einem bibbernden Knäuel zusammengerollten Selbst stillen mußte, wurde es von einem Gefühl der Vereinsamung und Unbehaustheit begleitet. Ach, das Leben – das junge und hinfällige Leben, aus dem vertrauten Dunkel, aus der behaglichen Wärme des Mutterschoßes in die große und fremde, leuchtende Welt entlassen –, wie es schrumpft und schwindet, wie widerwillig und entmutigt es davor zurückscheut, das ihm Gebotene zu akzeptieren!

Doch langsam gewinnt der kleine Nimrod (diesen stolzen und kriegerischen Namen sollte er bekommen) Geschmack am Leben. Das ausschließliche Beherrschtsein vom Bild einer Ur-Einheit mit der Mutter weicht dem Reiz der Vielheit.

Die Welt beginnt ihm Fallen zu stellen: Der unbekannte und betörende Geschmack verschiedenen

Futters, das Viereck der Morgensonne auf dem Fußboden, auf dem zu liegen so wohltut, die Bewegungen der eigenen Glieder, die eigenen Pfoten, das Schwänzchen, das neckisch zum Spiel mit sich selbst auffordert, die Zärtlichkeiten einer Menschenhand, unter denen langsam ein gewisser Übermut heranreift, eine Fröhlichkeit, die den Körper in Spannung versetzt und den Drang nach ganz neuen, heftigen und riskanten Bewegungen entstehen läßt – all das besticht, überzeugt und ermutigt dazu, sich auf das Experiment des Lebens einzulassen und sich darein zu fügen.

Und noch etwas: Nimrod beginnt zu verstehen, daß alles, was ihm hier nahegebracht wird, auch wenn es neu zu sein scheint, im Grunde genommen etwas ist, das es schon einmal, schon viele Male – schon unendlich viele Male gegeben hat. Sein Körper macht Bekanntschaft mit Situationen, Eindrükken und Gegenständen. Im Grunde wundert ihn das alles nicht sonderlich. Angesichts jeder neuen Situation taucht er in sein Gedächtnis, in das tiefe Körpergedächtnis, und durchsucht es blind und fieberhaft – wobei es vorkommt, daß er die angemessene Reaktion schon fertig in sich vorfindet: Die Weisheit von Generationen ist ihm ins Plasma, in die Nerven gelegt. Er entdeckt Taten und Entscheidungen, von denen er selbst nicht wußte, daß sie schon in ihm gereift waren, daß sie nur darauf gewartet hatten, hinauszuspringen.

Der Schauplatz seines jungen Lebens, die Küche mit den duftenden Bottichen, mit den kompliziert und interessant riechenden Wischlappen, mit Adelas klappernden Schühchen und ihrer lautstarken Geschäftigkeit schreckt ihn nicht länger. Er betrachtet ihn bereits als seine gewohnte Domäne, hat sich darin einquartiert und damit begonnen, ihm gegenüber ein unklares Zugehörigkeits- und Heimatgefühl zu entwickeln.

Außer wenn unerwartet ein Kataklysmus in Gestalt des Bodenscheuerns über ihn hereinbricht – der Umsturz der Naturgesetze, das Platschen warmer Lauge, die alle Möbel unterspült, und das grauenerregende Scharren von Adelas Schrubber.

Doch die Gefahr geht vorüber, der Schrubber, beruhigt und regungslos, steht wieder still in der Ecke, der trocknende Fußboden riecht angenehm nach feuchtem Holz. Seinen normalen Gesetzen und der Freiheit auf eigenem Terrain wiedergegeben, verlangt es Nimrod lebhaft danach, die alte Decke auf dem Fußboden mit den Zähnen zu packen und sie mit ganzer Kraft nach links und rechts zu zerren. Die Pazifikation der Elemente erfüllt ihn mit unaussprechlicher Freude.

Auf einmal bleibt er wie angewurzelt stehen: Vor

ihm, etwa drei Hundeschritte entfernt, krabbelt ein schwarzes Scheusal, ein Ungeheuer, das sich rasch auf den Stäbchen vieler ungeordneter Beine vorwärtsbewegt. Nimrod, zutiefst erschüttert, läßt den schrägen Kurs des glänzenden Insekts nicht aus den Augen, verfolgt gespannt den platten, kopflosen und blinden Torso, der von ausnehmend flinken Spinnenbeinen getragen wird.

Bei diesem Anblick schwillt etwas in ihm an, es reift, nimmt zu, etwas, das er selbst nicht begreift, etwas wie Unmut oder Furcht, jedoch eher angenehm und verbunden mit einem Schauder von Macht, Selbstgefühl und Aggressivität.

Plötzlich läßt er sich auf die Vorderpfoten fallen und stößt einen Laut aus, den er selbst noch nicht gekannt hat, der fremd ist und einem normalen Winseln alles andere als ähnlich.

Diesen Laut stößt er einmal, noch einmal und dann noch einmal aus, in dünnem Diskant, der sich jeden Moment überschlagen wird.

Doch apostrophiert er das Insekt mit dieser neuen, aus plötzlicher Eingebung geborenen Sprache vergeblich. In kakerlakischen Denkkategorien ist kein Platz für diese Tirade, und das Insekt absolviert mit den durch ewiges Kakerlakenritual geheiligten Bewegungen seine schräge Route in die Zimmerecke.

Doch haben Haßgefühle in der Seele des Hündchens noch keine Dauer und Kraft. Die neu erwachte Lebensfreude verwandelt jedes Gefühl in Fröhlichkeit. Noch bellt Nimrod, aber der Sinn des Bellens hat sich unmerklich verändert, es ist zu seiner eigenen Parodie geworden – und will im Grunde nichts anderes als das unsagbar Geglückte dieses herrlichen, mit Pikanterie, unverhofftem Erschauern und Pointen gefüllten Lebensabenteuers in Worte fassen.

PAN

Zwischen den Rückwänden der Schuppen und Anbauten befand sich eine Sackgasse, der fernste und letzte Ausläufer des Hofes, eingeschlossen zwischen Abstellkammer, Abtritt und der Rückwand des Hühnerstalls – eine stille Bucht, aus der kein Weg hinausführte.

Es war das fernste Kap, das Gibraltar des Hofes, und es stieß verzweifelt mit dem Kopf gegen den abschließenden Zaun mit seinen waagrechten Brettern, an die endgültigste Wand dieser Welt.

Unter den bemoosten Planken quoll ein Rinnsal schwarzen, stinkenden Wassers hervor, eine Ader faulenden, fettigen Schlamms, die nie ganz austrocknete – es war der einzige Weg, der unter der Zaungrenze hindurch in die Welt hinausführte. Doch die Verzweiflung der übelriechenden Gasse hatte so lang mit dem Kopf gegen das Hindernis gestoßen, bis sich eines der mächtigen waagerechten Bretter gelöst hatte. Und wir Burschen hatten den

Rest besorgt und das schwere, moosbewachsene Brett aus seiner Halterung gerissen und gezerrt. So hatten wir einen Durchbruch geschaffen, ein Fenster zur Sonne hin geöffnet. Mit einem Bein auf dem als Brücke über die Pfütze geworfenen Brett konnte sich der Gefangene des Hofs in horizontaler Lage durch den Spalt zwängen, der ihn in eine neue, luftige und weitläufige Welt entließ. Dort war ein riesiger, verwilderter alter Garten.

Hochgewachsene Birnbäume und ausladende Apfelbäume wuchsen hier in vereinzelten, stattlichen Gruppen, übergossen von silbrigem Geraschel und einem siedenden Netz weißlichen Glitzerns. Ungemähtes Gras wucherte wirr durcheinander und bedeckte mit buschigem Pelz das gewellte Terrain. Dort standen gewöhnliche Wiesengräser mit fedrigen Ährenbüscheln, das zarte Filigran von wilder Petersilie und Karotten, die gefältelten und rauhen Blättchen minzeduftender Gundelrebe und blinder Nesseln, und auch ledriger, glänzender Wegerich, mit Rost gesprenkelt, der in breiigen, dikken, roten Garben emporschoß. All dies war lose miteinander verflochten, von milder Luft durchtränkt, von hellblauem Wind untermalt und mit Himmel aufgeblasen. Lag man im Gras, war man völlig von der blauen Geographie der Wolken und der dahinziehenden Kontinente bedeckt, man atmete die ganze weitläufige Himmelskarte. Bei ihrem Dialog mit der Luft hatten sich die Blätter und Triebe mit zarten Härchen bedeckt, mit weichem Flaum und rauhen, borstigen Widerhäkchen wie zum Ergreifen und Festhalten des vorüberziehenden Sauerstoffs. Der zarte weißliche Belag vermählte die Blätter mit der Atmosphäre und verlieh ihnen den silbergrauen Schimmer von Luftwellen, von schattigen Grübeleien zwischen zwei Sonnenstrahlen. Und eine der luftgeblähten Pflanzen, gelb und mit milchigem Saft in den bleichen Stengeln, trieb aus ihren leeren Trieben nur Luft allein, nichts als Flaum in Gestalt fedriger Milchkugeln, die, von einem Windhauch zerstreut, lautlos in die hellblaue Stille sickerten.

Der Garten war weitläufig und vielfach verästelt, es gab darin verschiedene Zonen und Klimata. Auf der einen Seite war er offen, voll Himmelsmilch und Luftmilch, und dort unterlegte er den Himmel mit weichstem, zartestem und duftigstem Grün. Doch in dem Maße, in dem sich der Garten in die Tiefe eines seiner langgezogenen Ausläufer senkte und in den Schatten zwischen der Rückwand der stillgelegten Sodawasserfabrik und einer langen baufälligen Scheunenwand eintauchte, bewölkte er sich deutlich, wurde ruppig und schlampig, verwilderte und verkam, wütete mit Brennesseln, sträubte seine Disteln, verschorfte mit allerlei Unkraut, bis er am hintersten Ende, in der weiten, rechteckigen Bucht zwischen den Wänden jegliches Maß verlor und dem Wahnsinn verfiel. Dort gab es keinen Baumgarten mehr, sondern nur noch den Paroxysmus der Raserei, den Ausbruch äußerster Wut, zynische Schamlosigkeit und Ausschweifung. Dort machten sich die bestialischen, verwilderten, hohlen Kohlköpfe der Kletten breit und frönten ihren Leidenschaften – riesige Hexen, die sich am hellichten Tag ihrer weiten Röcke entledigten, sie von sich warfen, einen Rock nach dem andern, bis ihre geblähten, raschelnden, löchrigen Lumpen das zänkische Volk der Bastarde unter den verrückt gewordenen Fetzen begraben hatten. Und die gefräßigen Röcke beulten sich aus, bäumten sich auf, türmten sich übereinander, quollen über und bedeckten sich gegenseitig, sie wuchsen als gedunsene Masse von Blattblechen fast bis zur tiefhängenden Scheunentraufe.

Dort war es, wo ich ihn das einzige Mal in meinem Leben erblickte, zu einer vor Hitze besinnungslosen Mittagsstunde. Es war einer dieser Augenblicke, in denen die Zeit, verrückt und wild, aus dem Trott der Ereignisse ausbricht und wie ein flüchtiger Vagabund mit Gebrüll querfeldein stürmt. Dann wächst der Sommer, außer Kontrolle geraten, ohne Maß und Orientierung in alle Richtungen, er wächst mit wilder Wucht an allen Ecken aufs Doppelte und Dreifache, in eine andere, quasi mißratene Zeit, in unbekannte Dimensionen, in den Irrsinn.

Zu dieser Stunde war ich von der Schmetterlingsjagd besessen, von der Passion, diese schillernden Flecken zu verfolgen, die verirrten, weißen Schneeflocken, die in ungelenkem Zickzack durch die flammende Luft flatterten. Und damals geschah es, daß einer der grellbunten Tupfen im Flug in zwei und dann in drei Teile zerfiel – und dieser flakkernde, blendende, weiße Dreipunkt führte mich wie ein Irrlicht durch den Wahnsinn der in der Sonne brennenden Disteln.

Erst an der Klettengrenze blieb ich stehen, ich wagte nicht, tiefer in die lautlose Senke vorzudringen.

Und da erblickte ich ihn plötzlich.

Bis zu den Achseln in die Kletten eingetaucht, hockte er vor mir.

Ich sah seine runden Schultern in einem schmutzigen Hemd unter einem schlampigen, zerlumpten Überrock. Lauernd, gleichsam sprungbereit, saß er da – die Schultern gebeugt wie unter einer großen Bürde. Sein Leib keuchte vor Anstrengung, und von seinem kupferroten, in der Sonne glänzenden Gesicht troff der Schweiß. Ohne sich zu rühren, schien

er doch schwer zu arbeiten, sich regungslos mit einer ungeheuren Last abzumühen.

Festgenagelt von seinem Blick, der mich mit Zangengriff umklammert hielt, stand ich da.

Es war das Gesicht eines Landstreichers oder Trinkers. Ein Büschel schmutziger Zotteln zauste sich auf seiner hohen und gewölbten Stirn, einer Stirn wie ein vom Fluß gewälzter Steinklumpen. Doch diese Stirn wand sich in tiefen Furchen. Man konnte nicht sagen, ob es Schmerz, die brennende Sonnenhitze oder übermenschliche Anstrengung war, was sich so tief in das Gesicht eingegraben hatte und die Züge bis zum Bersten spannte. Die schwarzen Augen bohrten sich mit der Intensität äußerster Verzweiflung oder heftigsten Schmerzes in mich hinein. Diese Augen blickten mich an und blickten doch nicht, sie sahen mich und sahen mich gar nicht. Es waren pralle Kugeln, vorgewölbt in höchster Schmerzekstase oder in der wilden Wonne der Verzückung.

Und plötzlich stülpte sich aus den zum Bersten angespannten Zügen eine furchtbare, leidgebrochene Grimasse, und diese Grimasse wuchs, nahm den Wahnsinn und die Verzückung in sich auf, schwoll an, beulte sich immer weiter aus, bis sie mit brüllendem, röchelndem, hustendem Gelächter aufbrach.

Zutiefst erschrocken sah ich, wie er sich langsam, unter dem dröhnenden Gelächter seiner mächtigen Brust, aus der Hocke emporschwang und, gebückt wie ein Gorilla, die herabfallenden Hosenlumpen packte und in großen Sprüngen über die schlappenden Klettenbleche hinwegsetzte – ein Pan ohne Flöte, der panisch in seine heimatlichen Waldungen entfloh.

HERR KAROL

An einem Samstagnachmittag machte sich mein Onkel Karol, der Strohwitwer, zu Fuß auf den Weg in die eine Stunde von der Stadt entfernte Sommerfrische, wo sich Frau und Kinder zur Erholung aufhielten.

Seit der Abreise seiner Frau war die Wohnung nicht aufgeräumt, das Bett nicht gemacht worden. Herr Karol kam immer erst spät nachts in die Wohnung, verlottert und verwüstet von den nächtlichen Ausschweifungen, durch die ihn die heißen und öden Tage getrieben hatten. Das zerdrückte, kühle, wilde Durcheinander des Bettzeugs war für ihn dann wohlige Zuflucht, eine Rettungsinsel, auf die er sich mit dem letzten Rest seiner Kräfte fallen ließ, wie ein Schiffbrüchiger, der viele Tage und Nächte von einem aufgewühlten Meer gebeutelt wurde.

Im Dunklen tastend versank er irgendwo zwischen den weißlichen Bergen, zwischen den Wülsten und Haufen des kühlen Federbetts, und schlief so irgendwie, verkehrt herum, mit dem Kopf am Fußende, den Scheitel in die weiche Bettsubstanz gerammt, als wolle er im Schlaf die nachts anwachsenden, gewaltigen Federmassive durchbohren und quer durchwandern. Wie ein Schwimmer mit dem Wasser kämpfte er im Schlaf mit den Federbetten, er drückte und knetete sie mit dem Körper wie Teig in einem riesigen Backtrog, in den er hineingefallen war, erwachte dann im Morgengrauen, keuchend, schweißüberströmt, ans Ufer des Deckenhaufens geworfen, den er in heftigen nächtlichen Ringkämpfen nicht hatte bezwingen können. So hing er, halb aus den Tiefen des Schlafes geschleudert, noch einen Augenblick benommen und mit nach Luft ringendem Brustkorb über der Kante der Nacht, und das Bettzeug um ihn stieg an, quoll auf, gärte – und überwuchs ihn aufs neue mit einem Wulst aus schwerem, weißlichem Teig.

Bis in den späten Vormittag hinein schlief er dann so, und die Kissen breiteten sich zu einer riesigen, weißen, flachen Ebene aus, über die sein beruhigter Schlaf wandelte. Auf diesen weißen Chausseen kam er langsam zu sich, kehrte in den Tag, ins Wachsein zurück – und öffnete schließlich die Augen, wie ein schlafender Passagier, wenn der Zug anhält.

Im Zimmer herrschte ein abgestandenes Halbdunkel mit dem Bodensatz vieler einsamer und stiller Tage. Nur das Fenster brauste vom morgendlichen Fliegengewimmel, und die Vorhänge flammten grell. Herr Karol gähnte sich die Reste des gestrigen Tages aus dem Leib, aus den Tiefen der Körperhöhlen. Das Gähnen packte ihn wie Konvulsionen, als wollte es sein Inneres nach außen kehren. So warf er den Sand, den Ballast von sich ab – die nicht verdauten Restanten des gestrigen Tages.

Nachdem er sich solcherart erleichtert und befreit hatte, trug er in sein Notizbuch die Ausgaben ein, er kalkulierte, berechnete und träumte. Dann lag er lange reglos da, mit glasigen, wasserfarbenen Augen, die sich feucht nach außen wölbten. Im wäßrigen Halbdunkel des Zimmers mit dem strahlenden Widerschein des heißen Tages hinter den Vorhängen reflektierten seine Augen wie kleine Spiegel alle glänzenden Gegenstände: die weißen Sonnenflecken in den Fensterritzen, das goldene Rechteck der Vorhänge – sie reproduzierten wie ein Wassertropfen das ganze Zimmer mit der Stille der Teppiche und der leeren Stühle.

Unterdessen lärmte der Tag hinter den Vorhängen immer flammender mit dem Summen der von der Sonne wahnsinnigen Fliegen. Das Fenster konnte die weiße Glut nicht aufnehmen, und die Vorhänge waren unter dem hellichten Wogen ohnmächtig zusammengebrochen.

Nun wälzte er sich aus den Decken und saß noch eine Zeitlang unwillkürlich stöhnend auf dem Bett. Sein knapp über dreißigjähriger Körper neigte immer mehr zur Korpulenz. In dem fettgedunsenen, von übermäßigem geschlechtlichem Gebrauch geplagten, doch stets vor üppigen Säften strotzenden Organismus schien nun, in dieser Stille, allmählich sein künftiges Schicksal heranzureifen.

Während er so in gedankenleerer, vegetativer Erstarrung dasaß, zur Gänze in Kreislauf, Respiration und dumpfes Pulsieren der Säfte verwandelt, wuchs im tiefsten Innern seines verschwitzten und an vielen Stellen mit Haaren bedeckten Körpers eine ungewisse, nicht ausformulierte Zukunft heran, wie eine monströse Beule, die phantastisch in eine unbekannte Dimension ausufert. Das entsetzte ihn keineswegs, denn er fühlte schon seine Identität mit dem Unbekannten und Riesenhaften, das kommen mußte, und so wuchs er mit diesem gemeinsam, widerstandslos, in seltsamem Einklang, gelähmt von ruhigem Grauen beim Erkennen seines zukünftigen Selbst in den kolossalen Auswüchsen, den phantastischen Anhäufungen, die vor seinem inneren Blick reiften. Eines seiner Augen schweifte dann leicht zur Seite, als wolle es in eine andere Dimension abdriften.

Später kehrte er aus diesem stumpfsinnigen

Dämmer, aus diesen verlorenen Weiten wieder zu sich und zum Augenblick zurück; er sah seine Füße auf dem Teppich, fett und zart wie die einer Frau, und er zog langsam die goldenen Knöpfe aus den Manschetten seines Tageshemdes. Dann ging er in die Küche und fand dort in einer schattigen Nische ein Eimerchen mit Wasser sowie einen kleinen, kreisrunden, stillen und wachsamen Spiegel, der dort auf ihn wartete – das einzige lebendige und wissende Wesen in der leeren Wohnung. Er goß das Wasser in ein Becken und kostete mit der Haut die fade, abgestandene und süßliche Feuchtigkeit.

Lange und sorgfältig machte er Toilette, er beeilte sich nicht und legte Pausen zwischen den einzelnen Handgriffen ein.

Die leere und verwahrloste Wohnung erkannte ihn nicht an, die Möbel und Wände verfolgten ihn mit schweigender Kritik.

Wenn er in ihre Stille eintrat, fühlte er sich wie ein Eindringling in diesem versunkenen Unterwasser-Königreich, in dem eine andere, besondere Zeit ablief.

Beim Öffnen der eigenen Schubladen kam er sich vor wie ein Dieb und ging unwillkürlich auf Zehenspitzen, aus Furcht vor dem lauten und übermäßigen Echo, das gespannt auf die winzigste Ursache lauerte, um zu explodieren.

Doch als er auf seinem stillen Gang von Schrank zu Schrank, endlich, Stück für Stück alles Nötige gefunden, und seine Toilette inmitten der Möbel, die ihn schweigend, mit abwesender Miene tolerierten, beendet hatte, und als er endlich fertig war und mit dem Hut in der Hand ausgehbereit dastand, da genierte es ihn, daß er auch im letzten Moment das Wort nicht hatte finden können, das dieses feindselige Schweigen aufgelöst hätte, und er ging resigniert zur Tür, langsam, mit gesenktem Kopf – während sich einer, mit für immer abgewandtem Rücken, gemächlich in die entgegengesetzte Richtung entfernte – in die Tiefe des Spiegels – durch eine leere Flucht von Zimmern, die es nicht gab.

DIE ZIMTLÄDEN

In der Zeit der kürzesten, verschlafenen Wintertage, die auf beiden Seiten, sowohl vom Morgen als auch vom Abend her, in die pelzigen Ränder der Dämmerung eingefaßt waren, in der Zeit, in der sich die Stadt, vom kurzen Morgengrauen mühsam zur Besinnung und zur Umkehr gerufen, immer weiter in die Labyrinthe der Winternächte verästelte, war mein Vater schon an jene Sphäre verloren, verkauft und ihr versprochen.

Sein Gesicht und sein Kopf waren damals wild und üppig mit grauem Haar bewachsen, das ihm in unregelmäßigen Büscheln, Borsten und langen Pinseln aus Warzen, Brauen und Nasenlöchern herausragte und seiner Physiognomie das Aussehen eines alten, struppigen Fuchses verlieh.

Sein Geruchsinn und sein Gehör hatten sich unverhältnismäßig geschärft, und man konnte am Spiel seines schweigenden und angespannten Gesichts erkennen, daß er mit Hilfe dieser Sinne dauernd in Kontakt zu einer unsichtbaren Welt stand, der Welt der dunklen Schlupfwinkel, Mauselöcher, Rauchkanäle und der morschen Hohlräume unter den Fußböden.

Alles nächtliche Rascheln und Knacken, das geheime, knarrende Leben der Fußböden hatte in ihm einen unfehlbaren und wachsamen Beobachter, Spion und Verschworenen. Es absorbierte ihn in solchem Maße, daß er sich vollends in diese uns unerreichbare Sphäre verkroch, die er uns auch nicht nahezubringen versuchte.

Manchmal mußte er mit den Fingern schnipsen und leise in sich hineinlachen, wenn die Streiche der unsichtbaren Sphäre allzu absurd wurden; er verständigte sich dann durch Blicke mit unserer Katze, die, ebenfalls in diese Welt eingeweiht, ihr zynisches, kaltes, streifig gezeichnetes Gesicht hob und aus Langeweile und Gleichgültigkeit die schrägen Augenschlitze zukniff.

Es kam vor, daß er beim Mittagessen plötzlich Messer und Gabel weglegte, mit der um den Hals gebundenen Serviette wie eine Katze aufsprang, auf Zehenspitzen zur Tür des angrenzenden leeren Zimmers schlich und mit allergrößter Vorsicht durch das Schlüsselloch spähte. Danach kehrte er irgendwie verschämt an den Tisch zurück, mit einem bekümmerten Lächeln, schnurrend und undeutlich murmelnd, was sich auf den inneren Monolog bezog, in den er vertieft war.

Zu seiner Distraktion und um seine krankhaften Grübeleien zu unterbrechen, zog meine Mutter ihn hinaus auf abendliche Spaziergänge, an denen er schweigend und ohne Widerspruch, allerdings auch ohne Überzeugung, zerstreut und geistesabwesend teilnahm. Einmal gingen wir sogar ins Theater.

Wieder befanden wir uns in dem riesigen, schlecht beleuchteten und schmutzigen, von schläfrigem Stimmengewirr und wüstem Durcheinander erfüllten Saal. Als wir uns durch die Menschenmenge gedrängt hatten, erschien vor uns ein riesiger, blaßblauer Vorhang, wie der Himmel eines anderen Firmaments. Gemalte rosa Riesenmasken mit aufgeblasenen Backen schwebten auf der großen Leinenfläche. Der künstliche Himmel dehnte sich aus und trieb kreuz und quer, blähte sich unter dem mächtigen Atem des Pathos und der großen Gesten, in der Atmosphäre dieser künstlichen und glanzvollen Welt, die sich dort auf den polternden Bühnengerüsten aufgebaut hatte. Der Schauer, der über das riesenhafte Antlitz dieses Himmels glitt, der Atem der gewaltigen Leinwand, aus der die Masken wuchsen und zu Leben erwachten, verriet das Illusorische dieses Firmaments, ließ die Wirklichkeit erbeben, die wir in metaphysischen Augenblicken als schillerndes Geheimnis empfinden.

Die Masken blinzelten mit roten Augenlidern, ihre farbigen Lippen flüsterten lautlos, und ich sah den Moment kommen, in dem die Spannung des Geheimnisses den Zenith erreicht, wenn der gedunsene Vorhanghimmel wirklich aufbricht, wenn er sich hebt und Unerhörtes und Überwältigendes offenbart.

Doch war es mir nicht vergönnt, diesen Moment zu erleben, denn mein Vater verriet die ganze Zeit über gewisse Zeichen von Besorgnis, er griff sich an die Taschen und verkündete schließlich, er habe seine Brieftasche mit Geld und wichtigen Dokumenten vergessen.

Nach kurzer Beratung mit meiner Mutter, bei der die Ehrlichkeit Adelas hastig und pauschal bewertet wurde, schlug man mir vor, ich solle nach Hause auf die Suche nach der Brieftasche gehen. Meine Mutter war der Ansicht, bis zum Beginn der Vorstellung sei noch viel Zeit, und flink wie ich sei, könne ich rechtzeitig zurück sein.

Ich trat in die von der Illumination des Himmels gefärbte Winternacht hinaus. Es war eine dieser hellen Nächte, in denen das bestirnte Firmament so ausgedehnt und weitverzweigt ist, als würde es zerfallen, auseinanderbrechen und sich in ein Labyrinth einzelner Himmelreiche aufgliedern, genug, um sie auf einen ganzen Monat von Winternächten zu verteilen und mit ihren silbernen und gemalten Lampenschirmen alle nächtlichen Phänomene, Abenteuer, Szenen und Karnevale zu bedecken.

Es ist unverzeihlicher Leichtsinn, einen jungen Burschen in einer solchen Nacht in wichtiger und dringlicher Mission loszuschicken, denn die Straßen vervielfältigen sich im nächtlichen Zwielicht, sie geraten durcheinander und vertauschen sich miteinander. Im Inneren der Stadt tun sich gewissermaßen Zweifachstraßen auf, Doppelgängerstraßen, Lug- und Trugstraßen. Die bezauberte und irregeführte Phantasie erzeugt illusorische, vermeintlich längst und wohl bekannte Stadtpläne, auf denen diese Straßen zwar ihren Platz und ihren Namen haben, doch die Nacht in ihrer unerschöpflichen Produktivität hat nichts Besseres zu tun, als fortwährend neue und imaginierte Konfigurationen zu liefern. Die Verlockungen der Winternächte beginnen meist unschuldig mit der Lust, den Weg abzukürzen, einen ungewöhnlichen, aber schnelleren Durchgang zu benutzen. Verführerische Gedanken entstehen, man könnte etwa das wirre Herumstreifen mit einer noch nie erprobten Querstraße abschneiden. Doch diesmal begann es anders.

Nach einigen Schritten bemerkte ich, daß ich

ohne Mantel war. Ich wollte umkehren, doch sogleich schien mir das ein unnötiger Zeitverlust, zumal die Nacht nicht kalt war, im Gegenteil, sie war von den Adern einer wundersamen Wärme durchzogen, vom Hauch eines falschen Frühlings. Der Schnee war zu weißen Schäfchen zusammengeschrumpft, zu unschuldigen, süßen und veilchenduftenden Vliesen. In eben solche Schäfchen hatte sich der Himmel aufgelöst, an dem sich der Mond zwei- und dreiteilte, um dergestalt vervielfältigt all seine Phasen und Positionen zu demonstrieren.

Der Himmel legte an diesem Tag seine innere Konstruktion aus vielen quasi anatomischen Präparaten bloß, er zeigte die Spiralen und Maserungen des Lichts, die Schnittflächen mattgrüner Nachtkörper, das Plasma der Atmosphäre, ein Gespinst aus nächtlichen Phantasiegebilden.

In so einer Nacht ist es ein Ding der Unmöglichkeit, beim Gang durch die Wall-Straße oder eine beliebige andere dunkle Straße, die auf der Rückseite gewissermaßen das Unterfutter der vier Geraden des Marktplatzes bilden, nicht daran zu denken, daß zu dieser späten Stunde manchmal noch einige der sonderbaren und so verlockenden Läden geöffnet haben, die man tagsüber gewöhnlich vergißt. Ich nenne sie die Zimtläden, wegen der dunklen Farbe ihrer Holzvertäfelungen.

Diese wahrhaft vornehmen, bis spät in die Nacht geöffneten Geschäfte waren schon immer Gegenstand meiner heißen Sehnsüchte gewesen.

Ihre schwach beleuchteten, dunklen und festlichen Innenräume dufteten durchdringend nach Farbe, Lack und Räucherwerk, nach dem Aroma ferner Länder und seltener Materialien. Dort konnte man bengalisches Feuer finden, Zauberschatullen, Briefmarken aus längst untergegangenen Ländern, chinesische Abziehbilder, Indigo, Kolophonium aus Malabar, die Eier exotischer Insekten, Papageien und Pfefferfresser, lebende Salamander und Basilisken, Alraunwurzeln, Nürnberger Mechanismen, Homunculi in Blumentöpfen, Mikroskope und Fernrohre, doch vor allem seltene und besondere Bücher, alte Folianten mit wundersamen Stichen und betörenden Geschichten.

Ich erinnere mich noch an die alten und würdevollen Kaufleute, die mit gesenkten Lidern diskret schweigend ihre Kunden bedienten, mit Bedacht und voll Verständnis für deren geheimste Wünsche. Doch vor allem gab es dort eine Buchhandlung, in der ich mir einmal seltene und verbotene Drucke angesehen hatte, Publikationen von Geheimclubs, die quälende und berauschende Geheimnisse enthüllten.

Allzu selten hatte sich eine Gelegenheit geboten,

diese Läden zu besuchen – zumal mit einer kleinen, jedoch ausreichenden Geldsumme in der Tasche. Eine derartige Okkasion durfte man sich nicht entgehen lassen, trotz der Bedeutung der unserem Eifer anvertrauten Mission.

Meiner Berechnung nach waren von einer Seitengasse aus zwei oder drei Querstraßen zu passieren, um zu der Gasse der nächtlichen Läden zu gelangen. Das entfernte mich zwar vom Ziel, doch diese Verspätung war wieder aufzuholen, wenn ich über die Salzstollen zurückging.

Beflügelt vom Verlangen, die Zimtläden zu besuchen, bog ich mehr fliegend als gehend in eine mir wohlbekannte Straße ein, darauf bedacht, nicht vom Weg abzukommen. Ich hatte bereits drei oder vier Querstraßen hinter mir gelassen, doch die erwünschte Straße war noch immer nicht da. Dazu kam, daß nicht einmal die Konfiguration der Straße dem erwarteten Bild entsprach. Von den Läden keine Spur. Ich ging eine Straße entlang, deren Häuser nirgendwo Eingangstore hatten, lediglich dicht geschlossene, vom Mondschein blinde Fenster. Auf der anderen Seite der Häuser, dachte ich, mußte die Straße sein, von der aus diese Häuser zugänglich waren. Beunruhigt beschleunigte ich meinen Schritt, im Geiste hatte ich den Gedanken an einen Besuch der Läden schon aufgegeben. Nur rasch weg von hier, in eine bekannte Gegend der Stadt. Ich näherte mich dem Ende der Straße, voller Sorge, wohin sie mich führen werde. Ich trat auf eine breite, spärlich bebaute, sehr lange und gerade Chaussee hinaus. Sogleich umfing mich der Atem der Weite. Dort, an der Straße oder im Inneren der Gärten, standen malerische Villen, die prächtigen Bauten der Reichen. Dazwischen waren Parks und Gartenmauern zu sehen. Das Bild erinnerte entfernt an die unteren, wenig frequentierten Abschnitte der Lisznia'nska-Straße. Das Mondlicht, in Tausende von Schäfchen und silbrige Schuppen über den Himmel verstreut, war bleich und taghell, nur die Parks und Gärten überzogen sich in der Silberlandschaft mit Schwärze.

Nach eingehendem Mustern eines der Gebäude war ich zu der Überzeugung gelangt, vor mir liege die hintere, nie gesehene Seite des Gymnasiums. Ich ging direkt auf das Tor zu, das zu meiner Verwunderung offenstand, der Flur war beleuchtet. Als ich eingetreten war, stand ich auf dem roten Läufer eines Korridors. Ich hoffte, mich unbemerkt durch das Gebäude stehlen zu können, um durch den vorderen Eingang wieder hinaus zu gelangen, was eine hervorragende Abkürzung gewesen wäre.

Mir fiel ein, daß zu dieser späten Stunde Professor Arendt noch im Saal sein mußte und eine der fakultativen, bis in die späte Nacht dauernden Lektionen abhielt, zu denen wir im Winter immer zusammentrafen, von jenem edlem Eifer glühend, zu dem uns dieser vortreffliche Lehrer inspiriert hatte.

Die kleine Schar der Fleißigen verlor sich fast in dem riesigen dunklen Saal, die Schatten unserer Köpfe wurden von zwei flackernden, in Flaschenhälsen steckenden Kerzenstummeln an die Wand geworfen, wo sie ins Riesenhafte wuchsen und sich brachen.

Ehrlich gesagt, viel zeichneten wir in diesen Stunden nicht, und der Professor stellte keine besonders hohen Anforderungen. Manche brachten sich von zu Hause Kissen mit und legten sich zu einem kleinen Nickerchen auf die Bänke. Und nur die Fleißigsten zeichneten direkt unter einer Kerze, im goldenen Kreis ihres Scheins.

Gewöhnlich warteten wir lange auf die Ankunft des Professors und langweilten uns dabei unter schläfrigem Geplauder. Endlich ging die Tür zu seinem Zimmer auf, und er trat ein – klein und schönbärtig, mit esoterischem Lächeln, diskreter Verschwiegenheit und von Geheimnissen umwittert. Rasch drückte er hinter sich die Tür seines Arbeitszimmers zu, durch die sich im Augenblick des Öffnens hinter seinem Kopf ein Haufen gipserner Schatten, klassischer Fragmente, schmerzlicher

Niobiden, Danaiden und Tantaliden drängte, der ganze traurige und unfruchtbare Olymp, der seit Jahren in diesem Gipsfiguren-Museum dahinwelkte. Das Dämmerlicht in seinem Zimmer war auch tagsüber trüb und strömte verschlafen aus den Gipsträumen, den leeren Blicken, den verblassenden Ovalen und den Grübeleien, die sich im Nichts verloren. Wir liebten es, mitunter an der Tür die Stille zu belauschen, die seufzend und flüsternd in Spinnweben dahinbröckelnden Trümmerhaufen, diese in Langeweile und Monotonie zerfallende Götterdämmerung.

Der Professor schritt würdig und salbungsvoll die leeren Bankreihen ab, in denen wir, in kleine Grüppchen verstreut, im grauen Widerschein der Winternacht etwas zeichneten. Es war heimelig und schläfrig. Hier und dort hatten sich meine Kollegen schlafen gelegt. Die Kerzen in den Flaschen erloschen langsam. Der Professor war in einen geräumigen Schaukasten mit alten Folianten, altmodischen Illustrationen, Stichen und Drucken vertieft. Mit esoterischen Gesten zeigte er uns alte Lithographien von Abendlandschaften, nächtlichem Dickicht und winterlichen Parkalleen, die sich auf weißen Mondbahnen im Schwarz verliefen.

Die Zeit verging unbemerkt über dem verschlafenen Geplauder, sie lief ungleichmäßig dahin, als knüpfte sie Knoten in den Fluß der Stunden, und an manchen Stellen verschluckte sie ganze Intervalle eines Leerlaufs. Ohne es bemerkt zu haben, ohne Übergang, befand sich unsere Gruppe bereits auf dem Heimweg durch ein weiß verschneites, von schwarzem, trockenem Strauchdickicht flankiertes Spalier. Wir gingen am struppigen Rande der Dunkelheit entlang und streiften das Bärenfell der Sträucher, die unter unseren Füßen knackten, wir gingen in eine helle mondlose Nacht, in einen milchigen, falschen Tag, weit nach Mitternacht. Das zerstäubte Weiß des Lichts, das aus dem Schnee, der bleichen Luft und der milchigen Weite sprühte, glich dem grauen Papier eines Stiches, auf dem sich tiefschwarz die Striche und Schraffierungen dichten Gestrüpps vermengten. Die Nacht wiederholte jetzt, weit nach Mitternacht, die Serie der Nocturnes, der Nachtstiche des Professor Arendt, sie führte seine Phantasien weiter.

Im schwarzen Parkdickicht, im zottigen Fell des Gestrüpps, in der Masse des spröden Reisigs, gab es an manchen Stellen Nischen, Nester von tiefster buschiger Schwärze, voller Gewirr, geheimer Gesten und konfuser Gespräche in der Zeichensprache. In diesen Nestern war es behaglich und warm. Dort setzten wir uns in unseren zottigen Mänteln in den sommerlich weichen Schnee und aßen die Nüsse, die in diesem frühlingshaften Winter reichlich an den Haselsträuchern wuchsen. Marder, Wiesel und Mungos wuselten durch das Dickicht, schnuppernde Pelztierchen, nach Schaffell stinkend, langgestreckt, auf kurzen Pfötchen. Wir argwöhnten, daß sich unter ihnen die Exemplare aus dem Hinterzimmer in der Schule befanden, die, wenn auch längst ausgenommen und schon bald kahl, in dieser weißen Nacht in ihrem hohlen Inneren die Stimme eines alten Instinkts, die Stimme der Brunft vernommen hatten und für ein kurzes, trügerisches Dasein in ihr Refugium zurückgekehrt waren.

Doch das Phosphoreszieren des Frühlingsschnees trübte sich nach und nach, bis es ganz erlosch und die schwarze, kompakte Finsternis vor dem Morgengrauen eintrat. Einige von uns waren im warmen Schnee eingeschlafen, andere tasteten sich durch das Durcheinander ihrer Haustore, tappten wie blind in deren dunkles Inneres, in den Schlaf der Eltern und Geschwister, in die Fortsetzung des tiefen Schnarchens, das sie auf ihren säumigen Wegen eingeholt hatten.

Diese nächtlichen Séancen waren für mich immer voll Geheimnis und Reiz gewesen, und so durfte ich auch jetzt die Gelegenheit nicht verpassen, für einen Moment in den Zeichensaal zu schauen, fest entschlossen, mir nicht zu gestatten, dort länger als einen kurzen Augenblick zu verweilen. Doch beim Betreten der hinteren Zedernholztreppe mit ihrer klangvollen Resonanz, erkannte ich, daß ich mich in einem fremden, nie gesehenen Bereich des Gebäudes befand.

Nicht das leiseste Geräusch störte hier die feierliche Stille. In diesem Flügel waren die Korridore breiter, mit plüschigem Teppich ausgelegt und sehr vornehm. Kleine schummrige Lampen beleuchteten die Ecken. Als ich ein solches Knie passiert hatte, befand ich mich in einem noch größeren, palastartig prunkenden Korridor. Eine Wand hatte sich geöffnet, und hinter weiten, verglasten Arkaden befand sich eine Wohnung. Vor meinen Augen zog sich eine lange Flucht von Zimmern hin, die mit überwältigender Herrlichkeit ausgestattet waren und sich in der Tiefe verliefen. Durch ein Spalier seidener Bezüge, vergoldeter Spiegel, kostbarer Möbel und Kristallüster lief der Blick in die flaumweiche Substanz der prunkvollen Räume mit ihren farbigen Wirbeln, flimmernden Arabesken, verschlungenen Girlanden und knospenden Blüten. Im tiefen Schweigen der leeren Salons gab es nur die heimlichen Blicke, die sich die Spiegel gegenseitig zuwarfen, und die Panik der Arabesken, die hoch oben an den Wandfriesen entlangeilten und sich in der Stukkatur der weißen Zimmerdecken verloren.

Staunend und ehrfürchtig stand ich vor diesem Luxus, ich vermutete, daß meine nächtliche Eskapade mich unverhofft in den Flügel des Direktors, vor dessen Privatwohnung geführt hatte. Mit klopfendem Herzen, vor Neugier wie festgenagelt, stand ich da, entschlossen, beim kleinsten Geräusch zu fliehen. Wie hätte ich, wenn ertappt, mein nächtliches Spionieren, meinen unverschämten Vorwitz rechtfertigen können? In einem der tiefen Plüschsessel hätte, unbemerkt und still, das Töchterchen des Direktors sitzen und plötzlich den Blick von einem Buch zu mir heben können – ihre schwarzen, sibyllinischen, ruhigen Augen, deren Blicken niemand von uns standhalten konnte. Doch auf halbem Weg einen Rückzieher zu machen, ohne den gefaßten Plan ausgeführt zu haben, hätte ich mir selbst als Feigheit ausgelegt. In all dem luxuriösen Interieur herrschte übrigens tiefste Stille, und es war vom gedämpften Licht einer unbestimmten Tageszeit beleuchtet. Durch die Arkaden des Korridors erblickte ich am anderen Ende des riesigen Salons eine große Glastür, die auf eine Terrasse hinausführte. Es war so still um mich, daß ich Mut faßte. Es schien mir mit keinem allzu großen Risiko verbunden, die paar Stufen auf das Niveau des Saals hinabzusteigen, mit einigen Sätzen den riesigen kostbaren Teppich zu überqueren, um dann von der

Terrasse aus mühelos auf eine mir wohlbekannte Straße zu gelangen.

Das tat ich. Kaum stand ich unten auf dem Parkett des Salons, unter den großen Palmen, die dort aus Vasen bis zu den Deckenarabesken emporschossen, als ich bemerkte, daß ich mich eigentlich bereits auf neutralem Grund befand, da der Salon gar keine Vorderwand hatte. Er war wie eine große Loggia, durch ein paar Stufen mit dem Stadtplatz verbunden, sozusagen ein Seitenarm des Platzes. Einige der Möbel standen schon auf dem Pflaster. Ich lief die steinernen Stufen hinab und befand mich wieder auf der Straße.

Die Konstellationen standen schon steil auf dem Kopf, alle Sterne hatten sich auf die andere Seite gedreht, nur der Mond, unter den Wolken-Plumeaus begraben, die er mit seiner unsichtbaren Anwesenheit beleuchtete, schien noch einen unendlichen Weg vor sich zu haben, und ganz versunken in seine komplizierten himmlischen Prozeduren, dachte er überhaupt nicht an die Morgendämmerung.

Einige Droschken, schwärzer als schwarz, desolat und klapprig wie verkrüppelte, schlummernde Krabben oder Kakerlaken, standen auf der Straße. Ein Kutscher beugte sich von seinem hohen Bock. Er hatte ein winziges, rotes und gutmütiges Gesicht. »Fahren Sie mit, junger Herr?« fragte er. Das

Gefährt erzitterte in allen Gelenken und Scharnieren seines vielgliedrigen Körpers, und die leichten Räder setzten sich in Bewegung.

Doch wer vertraut sich in einer solchen Nacht den Launen eines unberechenbaren Droschkenkutschers an? Im Geschepper der Speichen, im Gerumpel des Kutschenkastens mit seinem Verdeck, konnte ich mich mit ihm auf kein Fahrziel einigen. Er nickte zu allem gleichgültig und nachgiebig, sang sich eins und fuhr dabei auf Umwegen durch die Stadt.

Vor einer Schenke stand eine Gruppe von Droschkenkutschern, die ihn freundlich zu sich heranwinkten. Er antwortete ihnen erfreut, warf mir, ohne anzuhalten, die Zügel auf die Knie, ließ sich vom Kutschbock hinabgleiten und gesellte sich zu seinen Kollegen. Das Pferd, ein altes, kluges Droschkenpferd, sah sich flüchtig um und trabte in gleichmäßigem Trott weiter. Eigentlich weckte dieses Pferd Vertrauen – es schien klüger als der Kutscher zu sein. Doch ich konnte es nicht lenken und mußte mich seinem Willen überlassen. Wir bogen in eine vorstädtische, beidseitig von Gärten gesäumte Straße ein. Diese Gärten gingen ebenso langsam, wie wir vorankamen, in hochbäumige Parks über und diese wiederum in Wälder.

Niemals werde ich die leuchtende Fahrt in dieser hellsten aller Winternächte vergessen. Die bunte

Himmelskarte hatte sich zu einer unermeßlichen Kuppel ausgedehnt, auf der sich phantastische Länder, Ozeane und Meere türmten, gezeichnet von astralen Wirbeln und Strömungen, den leuchtenden Linien einer himmlischen Geographie. Die Luft zum Atmen war leicht geworden und schimmerte wie silberne Gaze. Es duftete nach Veilchen. Unter dem Schnee, der wollig war wie Karakulschäfchen, neigten sich bebende Anemonen mit einem Funken Mondlicht in ihren zarten Kelchen. Der ganze Wald schien illuminiert von abertausend Lichtern, den vom Dezemberfirmament reichlich ausgeschütteten Sternen. Die Luft war durchtränkt vom geheimen Frühling, der unerhörten Reinheit des Schnees und der Veilchen. Wir fuhren durch sanft gewelltes Gelände. Die Silhouette der mit nackten Baumruten behaarten Hügel hob sich wie wohlige Seufzer gen Himmel. Auf diesen glücklichen Hängen sah ich ganze Gruppen von Wanderern, die im Moos und Unterholz die herabgefallenen, schneefeuchten Sterne einsammelten. Der Weg war steil geworden, das Pferd kam ins Rutschen und zog nur mit Mühe das in allen Gelenken knirschende Gefährt hinter sich her. Ich war glücklich. Meine Brust sog den wohltuenden Frühling der Luft, die Frische der Sterne und des Schnees in sich ein. Vor der Brust des Pferdes hatte sich ein Wall aus weißem Schneeschaum angehäuft, der immer höher stieg. Mühselig kämpfte sich das Pferd durch die saubere und frische Masse. Schließlich blieb es stehen. Ich stieg aus der Droschke. Das Pferd schnaubte heftig mit gesenktem Kopf. Ich schmiegte seinen Schädel an die Brust, in seinen übergroßen, schwarzen Augen glitzerten Tränen. Da erblickte ich an seinem Bauch eine runde, schwarze Wunde. »Warum hast du mir das nicht gesagt?« flüsterte ich unter Tränen. »Für dich, mein Lieber«, sagte es und wurde sehr klein, so klein wie ein Holzpferdchen. Ich ließ es. Ich fühlte mich wunderbar leicht und glücklich, und überlegte, ob ich auf die kleine Lokalbahn warten sollte, die hier verkehrte, oder ob ich zu Fuß in die Stadt zurückkehren sollte. Ich begann die steilen Serpentinen durch den Wald hinabzulaufen, zunächst mit leichten, elastischen Schritten, doch nachdem ich in Schwung gekommen war, verfiel ich in einen gleitenden, glücklichen Lauf, der alsbald in eine Fahrt überging, wie auf Skiern. Das Tempo konnte ich nach Belieben regulieren und die Richtung mit Hilfe leichter Körperdrehungen bestimmen.

In der Nähe der Stadt drosselte ich den triumphalen Lauf und wechselte über zu gesittetem Spazierschritt. Noch immer stand der Mond hoch oben. Die Transformationen des Himmels, die Metamorphosen seiner vielfachen Gewölbe zu immer kunstvolleren Konfigurationen nahmen kein Ende. Wie ein silbernes Astrolabium öffnete der Himmel in dieser Zaubernacht das Innere seines Mechanismus und präsentierte in unendlichen Evolutionen die goldene Mathematik seiner Räder und Getriebe.

Auf dem Marktplatz traf ich lustwandelnde Menschen. Bezaubert vom Schauspiel der Nacht, hatten sie ihre von der Magie des Himmels versilberten Gesichter erhoben. Die Sorge um die Brieftasche hatte mich völlig verlassen. Mein Vater, in seine wunderlichen Anwandlungen vertieft, hatte ihr Fehlen sicherlich vergessen, und um die Mutter kümmerte ich mich nicht.

In einer solchen Nacht, der einzigen im Jahr, stellen sich glückliche Gedanken ein, Eingebungen und prophetische, göttliche Fingerzeige. Erfüllt von Ideen und Inspirationen wollte ich mich nach Hause wenden, als mir meine Kameraden, mit Büchern unter dem Arm, den Weg vertraten. Sie hatten sich zu früh auf den Schulweg gemacht, wach geworden von der Helligkeit dieser Nacht, die kein Ende nehmen wollte.

Wir gingen alle zusammen auf der steil abfallenden Straße spazieren, von der ein Veilchenhauch heraufwehte, unsicher, ob es noch die Magie der Nacht war, die auf dem Schnee silberte, oder ob schon die Morgendämmerung aufgestanden war …

DIE KROKODILSTRASSE

Mein Vater verwahrte in der unteren Schublade seines tiefen Schreibtischs einen alten und schönen Plan unserer Stadt.

Es war ein ganzer Band aus ursprünglich mit Leinenstreifen aneinandergefügten Pergamentseiten *in folio*, die eine riesige Wandkarte des aus der Vogelperspektive betrachteten Panoramas bildeten.

An die Wand gehängt nahm die Karte nahezu das ganze Zimmer ein und öffnete einen Fernblick auf das gesamte Tal der Tyśmienica, ein sich auf und abschlängelndes blaßgoldenes Band, auf das gesamte weitläufige Feuchtgebiet ineinander übergehender Moore und Teiche und auf das gewellte Vorgebirge, das sich, zuerst in spärlichen, dann in zusehends gedrängteren Hügelketten, nach Süden hin erstreckte, gleich einem Schachbrett aus rundlichen Buckeln, die immer kleiner und immer blasser erschienen, je weiter sie auf den goldenen und rauchigen Dunst des Horizonts zuliefen. Aus dieser verwelkten Ferne der Peripherie tauchte die Stadt empor und wuchs nach vorn hin, zunächst noch in undifferenzierten Komplexen, in kompakten Wohnblöcken und Häusermassen, die nur von tiefen Straßenfluchten durchfurcht waren, um sich aus größerer Nähe gestochen scharf, deutlich wie durch ein Fernrohr betrachtet, in einzelne Zinshäuser zu untergliedern. Hier, im Vordergrund, hatte der Stecher das ganze verschlungene und vielgestaltige Getümmel der Straßen und Gäßchen hervorgehoben, die klare Schärfe der Gesimse, der Architrave, Archivolten und Pilaster, die im späten und dunklen Gold eines düsteren Nachmittags leuchteten, der alle Durchbrüche und Nischen in das tiefe Sepia der Schatten tauchte. Die Körper und Prismen dieser Schatten schnitten sich wie dunkle Honigwaben in die Straßenschluchten, sie überfluteten mit ihrer warmen, saftigen Masse hier eine ganze Straßenhälfte, dort eine Kluft zwischen Häusern, sie dramatisierten und orchestrierten die mannigfaltige architektonische Polyphonie mit düsterer Romantik.

Auf diesem Plan, der im Stil barocker Prospekte gehalten war, leuchtete die Gegend um die Krokodilstraße in dem leeren Weiß, mit dem man auf geographischen Karten üblicherweise die Umgebung der Pole kennzeichnet, der Länder, die noch unerforscht sind oder deren Existenz nicht gesichert ist.

Nur wenige Straßen waren dort mit schwarzen Strichen eingezeichnet und mit Namen in schlichten, schmucklosen Buchstaben versehen worden, die sich von der edlen Antiqua anderer Beschriftungen unterschieden. Offenbar hatte der Kartograph sich gesträubt, der Gegend die Zugehörigkeit zum Stadtkomplex zuzugestehen, und hatte seinen Vorbehalten durch diese besondere und geringschätzige Gestaltung Ausdruck verliehen.

Um diese Reserve zu verstehen, müssen wir schon jetzt auf den zweideutigen und dubiosen Charakter des Viertels hinweisen, der so stark von der grundsätzlichen Tonart der ganzen Stadt abwich.

Es war ein Bezirk des Handels und der Industrie, dessen Charakter nüchterner Nützlichkeit durch schrille Töne hervorgehoben wurde. Der Geist der Zeit, der Mechanismus der Wirtschaft hatte auch vor unserer Stadt nicht haltgemacht und bereits seine gierigen Wurzeln in einem Abschnitt der Peripherie geschlagen, wo er ein parasitäres Viertel entstehen ließ.

Während in der Altstadt noch immer der nächtliche illegale Handel mit seinem feierlichem Ritual betrieben wurde, hatten sich in diesem neuen Viertel alsbald die modernen, nüchternen Formen des Kommerzialismus entwickelt. Der Pseudoamerikanismus, der dem alten und morschen Stadtboden aufgepfropft worden war, hatte hier eine üppige, wenn auch leere und farblose Vegetation des minderwertigen, armseligen Schwulsts emporschießen lassen. Man sah hier billige, miserabel gebaute Häuser, deren karikatureske Fassaden mit monströser Stukkatur aus rissigem Gips beklebt waren. Den alten, windschiefen Vorstadthäuschen waren hastig zusammengepfuschte Portale verpaßt worden, die sich erst bei näherer Betrachtung als erbärmliche Imitation großstädtischer Anlagen entpuppten. Die schadhaften, trüben und verschmutzten Fensterscheiben, die in schlierigen Reflexen das dunkle Abbild der Straße brachen, das ungehobelte Holz der Portale und die graue Atmosphäre der brachliegenden Innenräume mit ihren Spinnweben und Staubflocken auf den hohen Regalen und entlang den verwahrlosten und bröckelnden Wänden hatten hier den Läden den Stempel eines wilden Klondike aufgedrückt. So standen Schneidermagazine, Konfektions- und Porzellanlager, Drogerien und Friseurbetriebe in einer Reihe nebeneinander. Ihre riesigen grauen Schaufenster trugen schräg oder bogenförmig verlaufende Aufschriften aus vergoldeten, plastischen Lettern: CONFISERIE, MANUCURE, KING OF ENGLAND.

Die alteingesessenen Bewohner der Stadt hielten sich der Gegend fern, die von Abschaum und Plebs, von charakterlosen, ungefestigten Kreaturen und wahrhaftiger moralischer Schlechtigkeit besiedelt war, von der minderwertigen Spielart des Menschen, wie sie in solch ephemerem Milieu gedeiht. Doch an Tagen des Niedergangs, in Stunden der niedrigen Verlockung kam es vor, daß sich der eine oder andere Stadtbewohner halb zufällig in die zweifelhafte Gegend verirrte. Auch die besten unter ihnen waren nicht ständig davor gefeit, sich freiwillig zu degradieren, Grenzen und Hierarchien zu nivellieren und sich in diesem seichten Pfuhl der Gemeinschaft, der raschen Intimität und der schmutzigen Vermengung zu suhlen. Das Viertel war ein Eldorado für solche moralischen Deserteure, für die Abtrünnigen der eigenen Würde. Alles dort schien verdächtig und zweideutig zu sein, alles ermunterte mit heimlichem Blinzeln, mit zynisch artikulierter Gebärde und deutlich kokettem Augenzwinkern zu unkeuschen Hoffnungen, alles entfesselte die niedrige Natur.

Kaum jemand, der nicht darauf hingewiesen wurde, bemerkte eine seltsame Eigenheit des Viertels: Es gab keine Farben, als dürfe man sich an diesem abgeschmackten, zu schnell gewachsenen Ort einen derartigen Luxus nicht erlauben. Hier war alles grau, wie auf monochromen Photographien, wie in illustrierten Prospekten. Diese Ähnlichkeit war mehr als eine gewöhnliche Metapher, denn manchmal, wenn man durch den Stadtteil streifte, hatte man tatsächlich den Eindruck, man blättere in einem Prospekt, in langweiligen, kommerziellen Anzeigenrubriken, zwischen die sich parasitär einige suspekte Annoncen, aufreizende Beschreibungen und fragwürdige Illustrationen gezwängt hatten; und diese Streifzüge waren ebenso schal und ergebnislos wie die Exzitationen der von den Spalten und Kolumnen pornographischer Schriften angestachelten Phantasie.

Man ging zu einem beliebigen Schneider, um einen Anzug zu bestellen – einen Anzug von billiger Eleganz, wie sie für das Viertel so charakteristisch war. Der Raum war riesig und leer, sehr hoch und ohne Farbe. Gewaltige, mehrstöckige Regale erheben sich in die unbestimmte Höhe der Halle. Die Etagen der leeren Stellagen ziehen den Blick hinauf bis an die Decke, die ein Himmel sein könnte – der schäbige, farblose, zerkratzte Himmel des Viertels. Doch in weiteren, durch die offene Tür sichtbaren Magazinen sind Schachteln und Kartons bis unter die Decke zu einer ungeheuren Kartothek übereinandergetürmt, die oben unter dem Durcheinander des Dachbodenhimmels in die Kubatur der Leere, in die wertlosen Bestandteile des Nichts zerfällt. Durch die riesengroßen, grauen Fenster, die wie

Millimeterpapier mehrfach vergittert sind, dringt kein Licht herein, denn das Innere des Geschäfts ist bereits wie mit Wasser gefüllt, mit dem indifferenten, grauen Zwielicht, das keinen Schatten wirft und keine Akzente setzt. Sogleich erscheint ein schlanker Jüngling, erstaunlich servil, geschmeidig und nachgiebig, um unseren Wünschen entgegenzukommen und uns mit der billigen und glatten Redekunst eines Gehilfen zu überschütten. Doch wenn er plappernd die enormen Tuchballen entrollt, wenn er Maß nimmt und eine nicht enden wollende, durch seine Hände fließende Stoffbahn faltet und drapiert und dabei aus den Wellen des Stoffes illusorische Gehröcke und Beinkleider formt, dann scheint die ganze Manipulation etwas Unwesentliches zu sein, ein Vorwand, eine Komödie, ein Schleier, der ironisch über den wahren Sinn der Sache geworfen wurde.

Die Ladenmädchen, zierlich und schwarz, alle mit irgendeinem Schönheitsfehler (charakteristisch für dieses Viertel der Ausschußware), gehen ein und aus, stehen in den Türen der Magazine und sondieren mit den Augen, ob die bewußte (den erfahrenen Händen des Gehilfen überantwortete) Angelegenheit sich zum eigentlichen Punkt hin entwickelt. Der Gehilfe schmeichelt und spreizt sich und wirkt zuweilen wie ein Transvestit. Man möchte sein weich gezeichnetes Kinn packen oder in seine bleiche, gepuderte Wange kneifen, wenn er so mit bedeutungsvollem, halbem Blick diskret auf die Schutzmarke einer Ware hinweist, einer Marke von durchschaubarer Symbolik.

Nach und nach rückt die Auswahl eines Kleidungsstücks in den Hintergrund. Der bis zur Effemination weichliche und verdorbene Jüngling, der voll Verständnis für die intimsten Regungen des Kunden ist, läßt nun besondere Schutzmarken an dessen Augen vorbeiziehen, eine ganze Bibliothek geschützter Zeichen, die Kollektion eines raffinierten Sammlers. Damals stellte sich heraus, daß das Konfektionsmagazin nur die Fassade war, hinter der sich ein Antiquariat, eine Sammlung höchst zweideutiger Publikationen und Privatdrucke verbarg. Der beflissene Gehilfe zeigt uns noch weitere Lager, die bis zur Decke hinauf mit Büchern, Illustrationen und Photographien vollgestopft sind. Diese Vignetten, diese Darstellungen übertreffen hundertfach unsere verwegensten Träume. Derartige Kulminationen der Verderbtheit, derartige Extravaganzen der Ausschweifung hatten wir nie auch nur geahnt.

Die Ladenmädchen schieben sich immer häufiger zwischen die Buchreihen, sie sind grau und papieren wie die Illustrationen, doch in ihren liederlichen Gesichtern sind sie voll Pigment, dem dunklen Pigment der Brünetten, das von der fettigen Schwärze funkelt, die in ihren Augen lauert und plötzlich im Zickzack, wie glänzende Kakerlaken, aus ihnen weicht. Doch auch im gebrannten Wangenrot, in den pikanten Stigmen der Muttermale, in der beschämenden Zeichnung dunklen Bartflaums verriet sich die Rasse gestockten, schwarzen Blutes. Der allzu intensive Farbstoff, dieses zähe und aromatische Mokka schien sogar die Bücher zu beflekken, die sie in ihre olivfarbenen Hände nahmen, ihre Berührung schien abzufärben und in der Luft einen dunklen Regen von Sommersprossen zu hinterlassen, eine Wolke von Schnupftabak, wie ein erregend und animalisch duftender Bovist. Unterdessen hat eine allgemeine Zügellosigkeit die scheinbaren Skrupel mehr und mehr abgeschüttelt. Der Gehilfe, der seine aufdringliche Aktivität erschöpft hat, verfällt langsam in weibliche Passivität. Er liegt jetzt auf einem der vielen Diwane, die inmitten der Bücher herumstehen, in einem Seidenpyjama, der ein weibliches Dekolleté freiläßt. Die Mädchen demonstrieren der Reihe nach die Figuren und Stellungen auf den Illustrationen der Bucheinbände, andere schlafen bereits auf provisorischen Liegen ein. Der Druck auf den Kunden hat nachgelassen. Er ist dem Bannkreis des zudringlichen Interesses entkommen und sich selbst überlassen. Die mit Plaudern beschäftigten Gehilfinnen beachten ihn nicht mehr. Sie kehren ihm den Rükken oder die Seite zu und stellen sich in arrogantem Kontrapost auf, sie wechseln von einem Bein auf das andere, spielen mit ihrem koketten Schuhwerk, lassen die Gliedmaßen schlangenartig von oben nach unten über ihre schlanken Körper gleiten und attakkieren mit diesem Spiel hinter der Fassade lässiger Unverantwortlichkeit den erregten Zuschauer, den sie ignorieren. Man zieht sich zurück ins Ladeninnere, aus purem Kalkül, um der Aktivität des Gastes freien Lauf zu lassen. Nutzen wir also den Moment der Unachtsamkeit, um den unvorhersehbaren Konsequenzen dieser unschuldigen Visite zu entgehen und hinaus auf die Straße zu gelangen.

Niemand hält uns auf. Durch Bücherkorridore, zwischen langen Regalen mit Zeitschriften und Drucken, verlassen wir das Geschäft, und da sind wir nun an einer Stelle der Krokodilstraße, wo man von einem leicht erhöhten Punkt aus fast die ganze Länge des ausgedehnten Traktes bis hin zu den weit entfernten, noch nicht fertiggestellten Bahnhofsbauten überblicken kann. Es ist ein grauer Tag, wie immer in der Gegend, und die ganze Szenerie scheint in manchen Momenten ein Photo aus einer Illustrierten zu sein, so grau und so plan sind die

Häuser, die Menschen und die Wagen. Diese Wirklichkeit ist dünn wie Papier und jeder Spalt verrät, daß sie bloß imitiert ist. Manchmal hat man den Eindruck, daß sich lediglich auf dem kleinen Flekken vor uns alles so beispielhaft zu diesem pointierten Bild eines Großstadtboulevards zusammenfügt, während sich an den Rändern die ganze improvisierte Maskerade bereits auflöst und aus dem Leim geht und, da sie ihre Rolle nicht durchhalten kann, hinter unserem Rücken in Gips und Werg, in das Gerümpel eines riesigen leeren Theaters zerfällt. Die Spannung der Pose, der künstliche Ernst der Masken und das ironische Pathos wabern auf dieser Überhaut. Doch wir sind weit davon entfernt, dieses Schauspiel entlarven zu wollen. Wider besseres Wissen fühlen wir uns vom faulen Zauber des Viertels angezogen. Übrigens entbehrt das Stadtbild keineswegs einer gewissen Selbstparodie. Die Reihen ebenerdiger kleiner Vorstadthäuser wechseln ab mit mehrstöckigen, wie aus Pappe gebauten Zinshäusern, einem Konglomerat aus Schildern, blinden Bürofenstern, glasig grauen Auslagen, Reklame und Hausnummern. An den Häusern fließt ein Menschenstrom vorüber. Die Straße ist breit wie ein Großstadtboulevard, doch die Fahrbahn besteht aus gestampftem Lehm wie ein Dorfplatz, sie ist voller Schlaglöcher, Pfützen und Gras. Der Straßenverkehr des Viertels wird gern zu Vergleichen herangezogen, die Einwohner sprechen mit Stolz und einem bedeutungsvollen Blitzen in den Augen davon. Die graue, unpersönliche Menge geht ganz in ihrer Rolle auf und ist sehr erpicht darauf, den Anschein einer Großstadt zu demonstrieren. Doch trotz der Betriebsamkeit und dem Gewinnstreben entsteht der Eindruck eines monotonen, ziellosen Umherirrens, eines verschlafenen Marionettenreigens. Die ganze Szenerie ist von einer merkwürdigen Belanglosigkeit der Atmosphäre durchdrungen. Die Menschenmasse strömt monoton dahin, und, eigenartig, man sieht sie immer irgendwie verschwommen, die Gestalten treiben in gedämpftem Stimmengewirr vorüber und werden nie ganz deutlich. Nur manchmal können wir in dem vielköpfigen Gewühl einen dunklen, lebendigen Blick erhaschen, eine tief in die Stirn gedrückte, schwarze Melone, ein halbes, von einem Lächeln zerrissenes Gesicht, dessen Mund gerade etwas gesagt hat, ein vorgeschobenes und mitten im Schritt für immer erstarrtes Bein.

Eine Besonderheit des Viertels sind herrenlose Pferdedroschken, die sich selbst überlassen durch die Straßen fahren. Nicht daß es keine Kutscher gäbe, doch die sind in der Menge untergegangen und mit tausend anderen Dingen beschäftigt, sie kümmern sich nicht um ihre Droschken. In diesem Viertel des Scheins und der leeren Geste mißt man einem genauen Fahrziel keine übermäßige Bedeutung bei, und die Passagiere vertrauen sich den umherirrenden Gefährten mit demselben Leichtsinn an, der hier allem anhaftet. Nicht selten kann man sie sehen, wie sie sich, die Zügel in der Hand, in gefährlichen Kurven aus dem ramponierten Kutschkasten weit hinausbeugen, um angestrengt schwierige Ausweichmanöver zu vollführen.

Wir haben in diesem Viertel auch Trambahnen. Hier feiert der Ehrgeiz der Stadträte seinen höchsten Triumph. Doch erbarmungswürdig ist der Anblick dieser aus Pappmaché gefertigten Wagen, deren Seitenwände durch den jahrelangen Gebrauch verzogen und zerbeult sind. Oft fehlt die Vorderfront einfach zur Gänze, so daß man die Passagiere im Vorbeifahren sehen kann, wie sie steif darin sitzen und sich mit großer Würde benehmen. Die Trambahnen werden von städtischen Trägern geschoben. Das Allerseltsamste jedoch, das ist der Eisenbahnverkehr auf der Krokodilstraße.

Manchmal, zu unregelmäßigen Tageszeiten, irgendwann gegen Ende der Woche, kann man eine Menschenmenge beobachten, die an der Straßenbiegung auf einen Zug wartet. Man ist nie sicher, ob der Zug auch kommt und wo er haltmachen wird, und oft geschieht es, daß die Menschen sich an zwei verschiedenen Orten aufstellen, weil sie unterschiedlicher Ansicht darüber sind, wo sich die Haltestelle befindet. Sie warten lange und stehen als schwarze, schweigende Masse entlang den sich nur schwach abzeichnenden Gleisspuren, ihre Gesichter im Profil, wie eine Reihe blasser Papiermasken, ein phantastischer Scherenschnitt des Gaffens. Und endlich, unversehens, kommt der Zug, er ist schon aus einer Nebengasse eingebogen, woher man ihn nicht erwartet hatte, er kriecht wie eine Schlange, ein Miniaturzug mit einer kleinen keuchenden, untersetzten Lokomotive. Er ist in das schwarze Spalier eingefahren, und die ganze Straße hat sich von der Kohlestaub säenden Wagenfolge verdunkelt. Das dumpfe Keuchen der Dampflok und der seltsam ernste, trauerbeladene Luftzug, die unterdrückte Hast und Nervosität verwandeln die Straße einen Moment lang in eine Bahnhofshalle bei rasch hereinbrechender Winterdämmerung.

Ein Übel unserer Stadt ist die Agiotage mit Fahrkarten und die Korruption.

Im letzten Augenblick, wenn der Zug schon an der Station steht, wird noch nervös und eilig mit den bestechlichen Beamten der Eisenbahnlinie gefeilscht. Bevor die Verhandlungen beendet sind, fährt der Zug los, die enttäuschte Menge schiebt

sich langsam voran und begleitet ihn noch ein ganzes Stück, um sich dann endlich zu zerstreuen.

Die Straße, die sich kurz zu einem improvisierten Bahnhof verengt hat, von Dämmerlicht und einem Hauch der Ferne erfüllt, hellt sich wieder auf, sie weitet sich und läßt die sorglose, monotone Menge der Spaziergänger aufs neue durch ihr Flußbett fließen, und diese wandert laut palavernd an den Geschäftsauslagen entlang, an den schmutzigen, grauen Rechtecken mit ihrem Trödel und den großen Kleider- und Frisierpuppen aus Wachs.

In aufreizenden langen Spitzenkleidern spazieren die Prostituierten vorüber. Es könnten übrigens die Gattinnen der Friseure oder der Stehgeiger aus den Kaffeehäusern sein. Wie Raubkatzen gleiten sie vorüber, und ihre gemeinen, verdorbenen Gesichter sind von einem geringfügigen Makel gezeichnet: einem schwarzen, schiefen Schielen, einem aufgerissenen Mund oder einer fehlenden Nasenspitze.

Die Stadtbewohner sind stolz auf dieses Odeur der Verderbtheit, das durch die Krokodilstraße weht. Wir brauchen auf nichts zu verzichten, denken sie stolz, auch wir können uns echte großstädtische Ausschweifung leisten. Sie behaupten, jede Frau des Viertels sei eine Kokotte. Im Grunde genügt es schon, einer von ihnen etwas Beachtung zu schenken – und schon trifft einen dieser beharrliche, klebrige, kitzelnde Blick, dessen lüsterne Gewißheit uns erstarren läßt. Selbst die Schulmädchen tragen hier ihre Haarschleifen auf eine bestimmte charakteristische Art, sie setzen die schlanken Beine in einer besonderen Manier und haben diesen unsauberen Makel in ihrem Blick, in dem ihre zukünftige Verderbtheit präformiert liegt.

Trotzdem – sollen wir nicht trotzdem das letzte Geheimnis des Viertels verraten, ein sorgfältig gehütetes Geheimnis der Krokodilstraße?

Wir haben im Laufe unserer Berichterstattung einige warnende Hinweise gegeben und behutsam unsere Vorbehalte zum Ausdruck gebracht. Der aufmerksame Leser wird auf die endgültige Wendung der Dinge nicht unvorbereitet sein. Wir sprachen vom imitatorischen und illusorischen Charakter des Bezirks, doch die Bedeutung dieser Worte ist zu endgültig und zu bestimmt, um die durch Halbheiten und Unentschlossenheit bestimmte Wirklichkeit zu definieren.

In unserer Sprache existieren keine Bezeichnungen, die den Grad dieser Realität einigermaßen dosieren oder deren Dichte definieren könnten. Sagen wir es unumwunden: Dieses Viertel ist deshalb so fatal, weil hier nichts zustande kommt und nichts sein Definitivum erreicht, jede angefangene Bewegung bleibt in der Luft hängen, alle Gesten erschöpfen sich vorzeitig und können den toten Punkt nicht überwinden. Wir haben schon die gewaltige Üppigkeit und die für das Viertel so bezeichnende Verschwendung bei den Intentionen, Projekten und Antizipationen festgestellt. Und das ist nichts anderes als die Fermentation der Begierden, die vorzeitig zu wuchern begonnen hat und daher kraftlos und leer ist. Hier, in der Atmosphäre exzessiver Leichtlebigkeit beginnt auch die winzigste Anwandlung zu keimen, jede flüchtige Spannung schwillt und bläht sich zu einem aufgetriebenen, leeren Gewächs, graue und gewichtslose Vegetation aus buschigem Unkraut schießt in die Höhe, farbloser, haariger Mohn, gefertigt aus dem fadenscheinigen Gewebe von Halluzination und Haschisch. Das träge und liederliche Fluidum der Sünde schwebt über dem ganzen Viertel, und manchmal scheint es, als seien die Häuser, Läden und Menschen nur ein Frösteln auf seinem hitzigen Körper, eine Gänsehaut auf seinen fiebrigen Träumen. Nirgendwo sonst fühlen wir uns von Möglichkeiten so bedroht wie hier, so bestürzt angesichts der Nähe der Erfüllung, und nirgendwo sonst läßt uns der lustvolle Schrekken der Realisation derart erblassen und erlahmen. Aber das ist auch schon alles.

Wenn die Anspannung einen bestimmten Punkt überschritten hat, stagniert der Zufluß und geht zurück, die Atmosphäre erlischt und verblüht, die Möglichkeiten welken und lösen sich in Nichts auf, die wahnsinnig gewordenen grauen Mohnblumen der Exzitation zerfallen zu Asche.

Wir werden es ewig bereuen, daß wir damals das Konfektionsmagazin mit seiner verdächtigen Konduite für einen Augenblick verließen. Nie mehr werden wir dorthin zurückfinden. Von einem Ladenschild zum anderen werden wir irren und hunderte Male werden wir uns täuschen. Wir werden Dutzende von Magazinen besichtigen und immer wieder ganz ähnliche finden, wir werden zwischen Buchspalieren auf und ab gehen, Zeitschriften und Drucke durchblättern, lange und umständlich mit den Fräuleins konferieren, die viel überschüssiges Pigment haben, deren Schönheit Fehler aufweist und die unsere Wünsche nicht verstehen.

Wir werden uns so lange in Mißverständnissen verheddern, bis sich unser ganzes Fieber und unsere Erregung in überflüssige Anstrengung, in vergeblichen, verlorenen Wettlauf aufgelöst haben.

Unsere Hoffungen waren ein Mißverständnis, das zweideutige Aussehen des Geschäfts und der Bedienung war nur Schein, die Konfektion war echte Konfektion, und der Gehilfe hatte keinerlei versteckte Intentionen. Die Frauenwelt in der Krokodilstraße zeichnet sich durch eine eher mittelmäßige Verderbtheit aus, übertüncht von dicken Schichten moralischer Vorurteile und banaler Gewöhnlichkeit. In dieser Stadt des billigen Menschenmaterials sind die Instinkte dürftig ausgeprägt, und es mangelt auch an außergewöhnlichen und dunklen Leidenschaften.

Die Krokodilstraße war eine Konzession unserer Stadt an großstädtische Modernität und Verderbtheit. Wir konnten uns sichtlich nichts anderes leisten als eine Imitation aus Papier, eine Photomontage aus Schnipseln der stockigen Zeitungen vom Vorjahr.

DIE KAKERLAKEN

Es war in den grauen Tagen, die auf die herrliche Farbigkeit der genialen Epoche meines Vaters folgten. Es waren die langen Wochen der Depression, schwere Wochen ohne Sonntage und Feiertage, der Himmel geschlossen, die Landschaft verarmt. Mein Vater war damals schon fort. Die oberen Zimmer waren gereinigt und an eine Telefonistin vermietet worden. Von der ganzen Vogelwirtschaft war uns nur noch ein einziges Exemplar geblieben, ein ausgestopfter Kondor, der im Salon auf dem Regal stand. Im kühlen Dämmer der geschlossenen Gardinen stand er dort wie zu Lebzeiten, auf einem Bein, in der Pose eines buddhistischen Weisen, und sein verbittertes, vertrocknetes Asketengesicht war in einem Ausdruck endgültiger Teilnahmslosigkeit und Abnegation erstarrt. Die Augen waren herausgefallen, und aus ihren leergeweinten, tränenseligen Höhlen rieselte das Sägemehl. Nur die verhornten ägyptischen Höcker auf seinem nackten, mächtigen

Schnabel und an seinem kahlen Hals, blaßblaue Höcker und Knoten, verliehen dem greisen Kopf etwas ehrwürdig Hieratisches.

Sein gefiedertes Habit war schon an vielen Stellen von Motten zerfressen und verlor die weichen grauen Federn, die Adela einmal in der Woche mit dem namenlosen Zimmerstaub hinausfegte. An den kahl gewordenen Stellen war das grobe Sackleinen zu sehen, aus dem Hanfbüschel hervorquollen. Insgeheim verübelte ich meiner Mutter die Leichtigkeit, mit der sie nach dem Verlust des Vaters wieder zur Tagesordnung übergegangen war. Sie hat ihn niemals geliebt – dachte ich –, und weil mein Vater in keinem Frauenherzen Wurzeln geschlagen hatte, hatte er auch in keiner Realität Fuß fassen können und war so ewig an der Peripherie des Lebens entlanggeschwebt, in halbrealen Regionen, am Rande der Wirklichkeit. Nicht einmal ein ehrlicher, bürgerlicher Tod war ihm vergönnt – dachte ich –, bei ihm mußte alles wunderlich und zweifelhaft sein. Ich nahm mir vor, in einem geeigneten Moment meine Mutter zu einem offenen Gespräch zu stellen. An jenem Tag (es war ein schwerer Wintertag, und schon seit dem Morgen rieselte der weiche Flaum der Dämmerung herab) hatte meine Mutter Migräne und lag einsam auf dem Sofa im Salon.

In diesem selten aufgesuchten Paradezimmer

herrschte seit dem Verschwinden meines Vaters eine beispielhafte Ordnung, die von Adela mit Bohnerwachs und Bürsten gepflegt wurde. Die Möbel waren mit Schonbezügen bedeckt, und alle Requisiten hatten sich der eisernen Disziplin unterworfen, die Adela über das Zimmer verhängt hatte. Nur das Büschel Pfauenfedern in der Vase auf der Kommode ließ sich nicht im Zaum halten. Es war ein Element der Willkür, gefährlich und unfaßbar revolutionär, wie eine tobende Klasse von Gymnasiastinnen, unter Aufsicht voll Devotion, doch hinter dem Rücken hemmungslos übermütig. Diese durchdringenden Augen schweiften den ganzen Tag umher und bohrten Löcher in die Wände, zwinkerten und drängelten, wimpernflatternd, mit dem Finger an den Lippen, über- und untereinander, kichernd und schelmisch. Das Zimmer war von ihrem Gezwitscher und Geflüster erfüllt, sie stoben auseinander, gaukelten um den vielarmigen Leuchter herum wie Schmetterlinge, ihre bunte Schar stieß gegen den trüben, alten, Bewegung und Fröhlichkeit nicht mehr gewohnten Spiegel und spähte durch die Schlüssellöcher. Selbst in Anwesenheit meiner Mutter, die mit umwickeltem Kopf auf dem Sofa lag, konnten sie sich nicht zurückhalten, blinzelten einander zu, gaben sich Zeichen, schwatzten in einem stummen Farbenalphabet, voll geheimer Bedeutungen. Diese spöttische Verständigung, diese schillernden Absprachen hinter meinem Rücken ärgerten mich. Ich hatte die Knie an das Sofa meiner Mutter gepreßt, strich wie in Gedanken mit zwei Fingern tastend über den zarten Stoff ihres Morgenrocks und sagte beiläufig: »Ich wollte dich schon lange einmal fragen: Stimmt es, daß er das ist?« Und obwohl ich nicht einmal mit dem Blick auf den Kondor wies, wußte meine Mutter sofort Bescheid, sie wurde sehr verlegen und senkte die Lider. Absichtlich ließ ich einen Moment verstreichen, um ihre Verlegenheit auszukosten, dann fragte ich in aller Ruhe, den aufkeimenden Groll beherrschend: »Wozu dann all der Klatsch und die Lügen, die du über den Vater verbreitest?«

Doch ihre Züge, im ersten Moment in Panik verfallen, ordneten sich wieder. »Was für Lügen?« fragte sie und blinzelte mit den Augen, die leer waren, mit dunklem Blau übergossen, ohne das Weiße. »Ich kenne sie von Adela«, sagte ich, »aber ich weiß, daß sie von dir stammen; ich will die Wahrheit wissen.«

Ihre Lippen bebten leicht und ihre Pupillen wanderten in die Augenwinkel, wichen meinem Blick aus. »Ich habe nicht gelogen«, sagte sie, und ihre Lippen schwollen an und wurden gleichzeitig klein. Ich merkte, daß sie kokettierte, wie eine Frau mit einem Mann. »Mit den Kakerlaken, das stimmt – das weißt du doch selber noch ...« Ich wurde verlegen. Ich erinnerte mich sehr wohl an die Invasion der Kakerlaken, diese schwarze, wimmelnde Flut, die das Dunkel der Nacht mit hauchzartem Huschen erfüllte. Jeder Spalt war voll zitternder Fühler, aus jeder Ritze konnte plötzlich eine Kakerlake hervorschießen, aus jedem Bodenriß konnte so ein schwarzer Blitz schlüpfen und in wahnsinnigem Zickzack über den Fußboden eilen. Ach, dieser wilde, panische Wahnsinn, mit glänzendem schwarzen Strich auf die Tafel des Fußbodens geschrieben! Ach, diese Entsetzensschreie meines Vaters, der mit einem Wurfspieß in der Hand von einem Stuhl zum nächsten sprang! Mein Vater war völlig verwildert, er nahm weder Speise noch Trank zu sich, seine Wangen waren fiebrig gerötet, und ein krampfhafter Ekel hatte sich ihm um den Mund herum eingegraben. Es war klar, daß kein Organismus eine solch haßerfüllte Anspannung lange aushalten konnte. Gräßlicher Ekel hatte sein Gesicht verändert, es war zu einer tragischen Maske erstarrt, in der nur die Pupillen, hinter dem Unterlid verborgen und gespannt wie Bogensehnen, in ständigem Argwohn lauerten. Mit einem wilden Aufschrei sprang er plötzlich von seinem Sitz, raste blindlings in eine Zimmerecke – und schon hob er den Wurfspieß, an dem eine riesige Kakerlake steckte, die verzweifelt mit dem Gewirr ihrer Beine in der Luft zappelte. Dann kam Adela dem Schreckensbleichen zu Hilfe, nahm ihm die Lanze samt aufgespießter Trophäe ab, um diese in einem Kübel zu ertränken. Schon damals hätte ich jedoch nicht sagen können, ob mir Adela mit ihren Erzählungen diese Bilder eingeflüstert hatte oder ob ich selbst Zeuge davon gewesen war. Mein Vater hatte damals schon die Abwehrkraft eingebüßt, die gesunde Menschen vor der Faszination des Grauens bewahrt. Statt sich von der schrecklichen Anziehungskraft der Faszination abzugrenzen, verstrickte sich mein Vater, eine Beute des Wahnsinns, immer mehr darin. Die traurigen Folgen ließen nicht lange auf sich warten. Rasch zeigten sich erste verdächtige Anzeichen, die uns mit Bestürzung und Kummer erfüllten. Das Verhalten meines Vaters hatte sich verändert. Seine Manie und seine erregte Euphorie waren erloschen. Seine Bewegungen und sein Mienenspiel verrieten mehr und mehr Anzeichen schlechten Gewissens. Er begann uns zu meiden. Den ganzen Tag über hielt er sich in Ecken, in Schränken oder unter dem Federbett versteckt. Nicht selten sah ich ihn, wie er gedankenversunken seine Hände betrachtete und die Konsistenz seiner Haut und seiner Fingernägel prüfte, auf denen sich immer wieder schwarze Flekken zeigten, schwarz glänzende Flecken, wie Kakerlakenpanzer.

Tagsüber brachte er noch die Reste seiner Kraft auf und kämpfte, doch in den Nächten brach die Faszination mit aller Macht über ihn herein. Ich sah ihn spät nachts im Licht einer auf dem Fußboden stehenden Kerze. Mein Vater lag nackt auf der Erde, übersät mit den schwarzen Flecken seines Totems, gezeichnet von den Linien seiner Rippen, dem phantastischen Muster seiner nach außen durchscheinenden Anatomie, alle Viere ausgestreckt, besessen von einer faszinierenden Aversion, die ihn ins Innerste ihrer verschlungenen Wege gezogen hatte. Mein Vater schob sich mit den vielgliedrigen, komplizierten Bewegungen eines seltsamen Rituals vorwärts, in dem ich mit Entsetzen eine Imitation des Zeremoniells der Kakerlaken erkannte.

Seit dieser Zeit verleugneten wir unseren Vater. Seine Ähnlichkeit mit einer Kakerlake trat jeden Tag deutlicher hervor – mein Vater hatte sich in eine Kakerlake verwandelt.

Mit der Zeit gewöhnten wir uns daran. Wir sahen ihn immer seltener, wochenlang blieb er irgendwo auf seinen Kakerlakenpfaden verschwunden – wir unterschieden ihn nicht mehr von den anderen, er war zur Gänze in dem schwarzen, unheimlichen Volk untergegangen. Wer hätte zu sagen vermocht, ob er noch in irgendeiner Fußbodenritze lebte, ob er des Nachts, in kakerlakische Abenteuer verwickelt, durch die Zimmer huschte oder ob er sich unter den toten Insekten befand, die mit nach oben gestreckten Beinen auf dem Rücken lagen und die Adela jeden Morgen entdeckte, angewidert aufkehrte und fortwarf.

»Trotzdem«, sagte ich irritiert, »ich bin mir sicher, daß der Kondor er ist.« Meine Mutter sah mich durch ihre Wimpern hindurch an. »Hör auf, mich zu quälen, mein Lieber, ich habe dir doch schon gesagt, daß dein Vater als Commis voyageur durch das Land reist, du weißt doch, daß er manchmal nachts heimkommt, um noch vor dem Morgengrauen weiterzufahren.«

DER STURM

In diesem langen und leeren Winter brachte die Dunkelheit in unserer Stadt überreiche, hundertfache Ernte ein. Auf den Dachböden und in den Rumpelkammern war allzulange nicht aufgeräumt worden, man hatte Töpfe aufeinander und Flaschen übereinander getürmt und den Batterien leerer Bouteillen gestattet, ins Endlose zu wachsen.

Dort, in den verkohlten, balkenreichen Wäldern der Dächer und Böden, begann das Dunkel auszuarten und wild zu gären. Dort nahmen die schwarzen Sejme der Töpfe ihren Anfang, die geschwätzigen und hohlen Versammlungen, das faselnde Geflasche, das Blubbern der Bouteillen und Ballone. Bis eines Nachts in den schindelbedeckten Weiten die Phalangen der Töpfe und Flaschen anschwollen und als riesiges, dichtgedrängtes Volk die Stadt überströmten.

Die aus den Speichern ausgespeicherten Speicher stülpten sich aus, die einen aus den anderen, sie trieben schwarze Spaliere, und durch ihre weitläufigen

Echos liefen Kavalkaden von Tramen und Balken, die Lançaden hölzerner Böcke, die auf ihre tannenhölzernen Knie fielen, und sie erfüllten dann, in die Freiheit hinausgestürmt, die Nacht mit dem Galopp der Sparren und dem Klappern der Pfetten und Stützen.

Da flossen die schwarzen Flüsse über, die Ströme der Fäßchen und Kannen wanderten durch die Nacht. Ihre schwarzen, glänzenden, lautstarken Versammlungen belagerten die Stadt. Nachts stürmte der schwirrende dunkle Lärm der Gefäße vorwärts wie eine Armee schwatzhafter Fische, ein unaufhaltsamer Überfall keifender Kübel und plappernder Bottiche.

Auf ihre Böden trommelnd türmten sich Eimer, Fäßchen und Kannen, getöpferte Tonkrüge baumelten, die alten Hüte und Zylinder der Dandys kletterten übereinander und wuchsen in den Himmel zu Säulen, die zerfielen.

Und alle klapperten täppisch mit den Bolzen ihrer hölzernen Zungen, zermalmten in den Mäulern mühselig den Stumpfsinn der Flüche und des Unflats, sie schmähten mit Schmutz die ganze Nacht. Bis sie zur Genüge gelästert und geflucht hatten.

Herbeigerufen vom Johlen der bis zum Rand mit Klatsch und Tratsch gefüllten Gefäße, kamen die Karawanen schließlich näher, gewaltige Sturmtrosse rückten an und blieben über der Nacht stehen. Das riesige Lager, ein schwarzes, waberndes Amphitheater, stieg nach und nach in weiten Kreisen zur Stadt hinab. Und es brach mit dem machtvollen, aufgewühlten Sturm eine Dunkelheit herein, und diese wütete drei Tage und drei Nächte …

* * *

»Du gehst heute nicht zur Schule«, sagte meine Mutter morgens, »draußen ist fürchterlicher Sturm.« Im Zimmer schwebte ein zarter, nach Harz duftender Rauchschleier. Der Ofen heulte und pfiff, als wäre eine ganze Meute von Hunden oder Dämonen darin angebunden. Das riesige, auf seinen gewölbten Bauch gepinselte Kitschbild verzerrte sich zu einer bunten Grimasse und phantastisierte mit geblähten Backen.

Ich lief barfuß ans Fenster. Der Himmel war kreuz und quer von Winden aufgeblasen. Silbrigweiß und ausladend, von kraftvollen, aufs Äußerste gespannten Strichen gezeichnet, von strengen, erstarrten Furchen, die Zinn- und Bleiadern glichen. Er war in Energiefelder aufgeteilt und bebte vor Spannung, erfüllt von verborgener Dynamik. Die Diagramme des Sturmes zeichneten sich an diesem Himmel ab, der, seinerseits unsichtbar und unfaßbar, die Landschaft mit seinem Potential auflud.

Man sah ihn nicht. Man erkannte ihn an den Häusern, an den Dächern, in die sein Zorn hineinfuhr. Ein Speicher nach dem anderen schien zu wachsen und vor Wahnsinn zu bersten, wenn die Gewalt des Sturmes in ihn eindrang.

Er entblößte die Plätze und hinterließ auf den Straßen eine weiße Leere, ganze Teile des Marktplatzes fegte er leer. Nur hier und da klammerte sich ein einsamer, gebeugter Mensch flatternd an eine Hausecke. Es schien, als wölbte sich der ganze Marktplatz, als glänzte seine blanke Glatze unter den heftigen Stößen des Sturms.

Er blies kalte und tote Farben über den Himmel, gelbe, grünspan- und lilienfarbene Schwaden, die fernen Gewölbe und Arkaden seines Labyrinths. Die Dächer standen schwarz und schief unter diesen Himmeln, voll Ungeduld und Erwartung. Diejenigen, in die der Sturm eingedrungen war, erhoben sich, einer Eingebung folgend, überstiegen die benachbarten Häuser und verkündeten unter dem aufgewühlten Himmel Prophezeiungen. Dann fielen sie in sich zusammen und schwanden dahin, konnten nicht länger den machtvollen Atem aufhalten, der weitereilte und die ganze Luft mit Lärm und Entsetzen füllte. Wieder andere Häuser erhoben sich in einem Paroxysmus der Hellseherei, sie schrien und orakelten.

Die riesigen Buchen um die Kirche standen wie Zeugen dieser erschütternden Offenbarungen mit erhobenen Armen da und schrien und schrien.

Weit hinter den Dächern des Marktplatzes sah ich ferne Brandmauern, die nackten Giebelwände der Vorstadt. Sie waren übereinandergeklettert und emporgewachsen, eine über die andere, vor Schreck erstarrt und gelähmt. Ein ferner kalter, roter Schein kolorierte sie mit späten Farben.

An diesem Tag aßen wir nicht zu Mittag, denn das Feuer in der Küche kam in Rauchwolken in die Stube zurück. In den Zimmern war es kalt und roch nach Wind. Etwa um zwei Uhr nachmittags brach in der Vorstadt ein Brand aus, der sich ungestüm verbreitete. Meine Mutter und Adela machten sich daran, Bettzeug, Pelze und Kostbarkeiten einzupacken.

Es war Nacht geworden. Stärke und Heftigkeit des Sturms nahmen zu, er wuchs ins Unermeßliche und ergriff die ganze Atmosphäre. Jetzt suchte er nicht mehr die Häuser und Dächer heim, sondern errichtete über der Stadt einen vielstöckigen, vielfachen Luftraum, ein schwarzes Labyrinth, das in endlose Etagen ausuferte. Aus diesem Labyrinth ließ er ganze Zimmergalerien in die Höhe schießen, zog blitzartig Flügel und Trakte aus, wirbelte lange Zimmerfluchten mit Getöse umher, ließ sich dann von den imaginierten Stockwerken, Gewölben und Kasematten herab in die Tiefe fallen und schwang sich noch höher hinauf, um in seinem Taumel eine eigene unförmige Unermeßlichkeit zu schaffen.

Das Zimmer bebte leicht, an den Wänden schepperten die Bilder. Die Fensterscheiben glänzten im fettigen Schein der Lampe. Die Gardinen hingen gebläht und vom Atem der stürmischen Nacht gebauscht vor dem Fenster. Da fiel uns auf, daß seit dem Morgen niemand den Vater gesehen hatte. Wir glaubten, er habe sich gewiß frühmorgens ins Geschäft begeben, wo ihn der Sturm überrascht und ihm den Rückweg abgeschnitten habe.

»Den ganzen Tag hat er nichts gegessen«, jammerte meine Mutter. Teodor, der älteste Gehilfe, machte sich in Nacht und Sturm auf den Weg, um ihm eine Mahlzeit zu bringen. Mein Bruder schloß sich der Expedition an.

In gewaltige Bärenpelze gehüllt, beschwerten sie die Taschen mit Bügeleisen und Mörsern – einem Ballast, der verhindern sollte, daß der Sturm sie mit sich fortriß.

Vorsichtig wurde die Tür geöffnet, die in die Nacht hinausführte. Kaum hatten der Gehilfe und mein Bruder mit geblähten Mänteln einen Fuß in die Finsternis gesetzt, hatte die Nacht sie von der Schwelle weg verschluckt. Der Sturm hatte augenblicklich die Spur ihres Hinausgehens getilgt. Nicht einmal den Schein ihrer Taschenlampen, die sie mitgenommen hatten, konnte man durchs Fenster noch sehen.

Nachdem der Sturm die beiden verschlungen hatte, beruhigte er sich kurz. Adela und meine Mutter versuchten aufs neue, das Herdfeuer zu entfachen. Die Zündhölzer erloschen, durch das Ofentürchen wehte Asche und Ruß. Wir standen an der Tür und horchten. Im Lamento des Sturms ließen sich allerlei Stimmen vernehmen, Ermunterungen, Zurufe und Geplauder. Mal war uns, als hörten wir die Hilferufe meines im Sturm umherirrenden Vaters, dann wieder, als hielten mein Bruder und Teodor unbekümmert vor der Tür ein Schwätzchen. Der Eindruck war so täuschend, daß Adela die Tür öffnete und tatsächlich Teodor und meinen Bruder sah, die mit Mühe aus dem Sturm emportauchten, in dem sie bis unter die Arme gesteckt hatten.

Keuchend traten sie in den Flur und drückten mit aller Kraft die Tür hinter sich zu. Einen Moment lang mußten sie sich am Türrahmen festhalten, so heftig stürmte der Wind gegen das Haustor an. Endlich hatten sie den Riegel vorgeschoben, und der Wind jagte weiter.

Sie erzählten wirr durcheinander von der Nacht und vom Sturm. Ihre vom Wind durchtränkten

Pelze rochen jetzt nach Luft. Sie blinzelten im Licht, und aus ihren noch nachtgefüllten Augen troff die Finsternis bei jedem Lidschlag. Sie waren nicht bis zum Geschäft gelangt, hatten sich verirrt und kaum den Weg zurück gefunden. Die Stadt hatten sie nicht wiedererkannt, alle Straßen waren wie umgestellt.

Meine Mutter hatte den Verdacht, daß sie logen. In der Tat erweckte die ganze Szene den Eindruck, als hätten sie diese Viertelstunde im Dunkeln beim Fenster gestanden und sich gar nicht fortbewegt. Doch vielleicht gab es tatsächlich keine Stadt und keinen Marktplatz mehr, und der Sturm und die Nacht umgaben unser Haus lediglich mit dunklen Kulissen, in denen es heulte, sauste und stöhnte. Vielleicht gab es keinen einzigen der riesigen, trostlosen Lufträume, die der Wind uns eingeflüstert hatte, und vielleicht gab es auch die jämmerlichen Labyrinthe nicht, die vielfenstrigen Trakte und Korridore, auf denen der Wind wie auf langen schwarzen Flöten spielte. Mehr und mehr festigte sich in uns die Überzeugung, das ganze Unwetter sei nichts anderes als eine nächtliche Donquichotterie gewesen, die innerhalb enger Kulissen die tragischen Ausmaße, die kosmische Unbehaustheit und die Verwaisung eines Sturms imitiert hatte.

Immer häufiger ging nun im Flur die Haustür

auf und ließ einen in Kapuze und Schal gehüllten Gast ein. Ein nach Atem ringender Nachbar oder Bekannter wickelte sich langsam aus Tüchern und Mantel und stieß keuchend ein Durcheinander abgerissener Worte hervor, Schilderungen, in denen die Unermeßlichkeit der Nacht phantastisch gesteigert und lügenhaft übertrieben wurde. Wir saßen alle in der hellerleuchteten Küche. Hinter der Feuerstelle und dem schwarzen, ausladenden Rauchabzug führten ein paar Stufen zur Speichertür.

Auf diesen Stufen saß der älteste Gehilfe Teodor und lauschte, wie der Wind auf dem Speicher spielte. Er hörte, wie sich in den Pausen die Bälge der Speicherrippen in Falten legten und das Dach erschlaffte und herabhing wie riesige Lungen, aus denen der Atem gewichen war, wie es erneut Luft holte, sich an den Palisaden der Sparren aufrichtete und zu einem gotischen Gewölbe emporwuchs, sich zu einem von hundertfachem Echo erfüllten Balkenwald dehnte und wie ein mächtiger Kontrabaßkorpus dröhnte. Doch dann vergaßen wir den Sturm. Adela zerstampfte Zimt in einem klingenden Mörser. Tante Perazja kam zu Besuch. Zierlich, lebhaft und emsig, mit einem schwarzen Spitzenschal um den Kopf, machte sie sich in der Küche zu schaffen und half Adela. Adela rupfte einen Hahn. Tante Perazja entzündete unter dem Rauchabzug eine Handvoll Papier, es stiegen große Flammenflocken auf und flogen in den schwarzen Schlund hinein. Adela hielt den Hahn an der Gurgel und hob ihn über die Flammen, um ihm die Federreste abzusengen. Plötzlich schlug der Hahn im Feuer mit den Flügeln, krähte und verbrannte. Da begann Tante Perazja zu zanken und Flüche und Verwünschungen auszustoßen. Zitternd vor Zorn drohte sie Adela und meiner Mutter mit beiden Händen. Ich verstand nicht, was sie wollte, doch sie verbiß sich immer mehr in ihre Wut und war schließlich nur noch ein Bündel von Gestikulationen und Verwünschungen. In diesem Paroxysmus des Zorns schien sie sich in Stücke zu gestikulieren, sie schien zu zerfallen, sich zu teilen, in hundert Spinnen auseinanderzulaufen und sich auf dem Fußboden in ein schwarzes, blitzendes Knäuel verrückt gewordener Kakerlakenläufe zu verzweigen. Doch nein, sie begann plötzlich kleiner zu werden, zu schrumpfen, während sie aufgebracht in einem fort mit Flüchen um sich warf. Plötzlich trippelte sie, winzig und gebückt, in die Küchenecke, wo das Brennholz lag, und fluchend und hustend wühlte sie fieberhaft im klappernden Holz herum, bis sie zwei dünne, gelbe Kienhölzer gefunden hatte. Mit vor Empörung bebenden Händen packte sie diese, nahm an ihren Beinen Maß, stützte sich dann auf sie wie auf Achselkrücken, polterte an diesen gelben Stützen über die Dielen und auf der schiefen Ebene des Bodens hin und her, immer schneller und schneller, kletterte dann auf die Holzbank, humpelte über die dumpf dröhnenden Tannenbretter und von dort auf das Tellerbord, ein klingendes, an den Küchenwänden entlanglaufendes Holzbord, auf dem sie knieknickend an den Krückstöcken lief, um endlich, noch kleiner geworden, in einer Ecke schwarz zu werden, wie welkes verbranntes Papier zu verschrumpeln, zu einer Aschenflocke zu verglimmen, in Staub und Nichts zu zerfallen.

Wir alle standen hilflos da, angesichts dieser wahnsinnigen, zornigen Raserei, die sich selbst vertilgte und verdaute. Mit Bedauern hatten wir den traurigen Verlauf dieses Paroxysmus mit angesehen, und irgendwie erleichtert wandten wir uns nun wieder unseren Tätigkeiten zu, nachdem dieser jammervolle Prozeß sein natürliches Ende genommen hatte.

Adela klingelte wieder mit dem Mörser und zerstieß Zimt, meine Mutter nahm ihr unterbrochenes Gespräch wieder auf, und der Gehilfe Teodor, der den Prophezeiungen des Dachbodens lauschte, schnitt komische Grimassen, zog die Brauen weit nach oben und lachte in sich hinein.

DIE NACHT DER GROSSEN SAISON

Jeder weiß, daß die wunderlich gewordene Zeit mitunter in einer Folge gewöhnlicher, normaler Jahre noch andere Jahre, besondere Jahre, mißratene Jahre aus ihrem Schoß gebiert, Jahre, denen gleich einem sechsten, kleinen Finger an der Hand irgendwo ein dreizehnter, falscher Monat wächst.

Wir nennen ihn falsch, denn er entwickelt sich selten zur Gänze. Wie spät gezeugte Kinder bleibt er im Wachstum zurück, ein buckliger Zwergenmonat, ein halb verwelkter und eher gedachter als wirklicher Ableger.

Schuld daran ist die Altersgeilheit des Sommers, seine lasterhafte und späte Vitalität. Es kommt vor, daß der August verstreicht und daß der alte dicke Stamm des Sommers aus Gewohnheit noch weiter treibt, daß aus seinem morschen Moder unfruchtbare und idiotische Wildlings-Tage, Unkraut-Tage sprießen und daß er obendrein und kostenlos Tage wie Strünke, leer und ungenießbar, hinzufügt – weiße, erstaunte und überflüssige Tage.

Sie sprießen unregelmäßig und ungleichmäßig, ungeformt und miteinander verwachsen wie die Finger einer verunstalteten Hand, knospend und eine Feige weisend.

Andere vergleichen solche Tage mit heimlich zwischen die Kapitel des großen Jahresbuches geschobenen Apokryphen, mit unbemerkt an Seiten angefügten Palimpsesten oder mit den weißen, unbedruckten Blättern, auf denen die Augen, sattgelesen und inhaltsschwer, die Bilder ausbluten lassen und die verblassenden Farben abstreifen können, um auf dem Nichts der leeren Seiten zu ruhen, ehe sie sich in die Labyrinthe neuer Abenteuer und Kapitel hineinziehen lassen.

Ach, dieser alte, vergilbte Jahresroman, dieses riesige, zerfledderte Kalenderbuch! Da liegt es vergessen irgendwo in den Archiven der Zeit, und sein Inhalt wächst weiter zwischen den Buchdeckeln, er schwillt stetig an, vom Geschwätz der Monate, von der schnellen Urzeugung des Schwindelns, vom Fabulieren und Phantasieren, das sich in ihm vervielfältigt. Ach, und wenn ich diese unsere Erzählungen aufschreibe, wenn ich die Geschichten über meinen Vater am verschlissenen Seitenrand anfüge – gebe ich mich da nicht der billigen Hoffnung hin, daß sie eines Tages ganz unerwartet zwischen den vergilbten Seiten dieses herrlichsten zerfallenden Buches festwachsen, daß sie in das große Rascheln seiner Seiten einstimmen, in das Rascheln, das sie verschlingt?

Das, worüber wir hier sprechen wollen, geschah in jenem dreizehnten, überzähligen und gewissermaßen unechten Monat des Jahres, auf einem guten Dutzend Leerseiten in der großen Kalenderchronik.

Damals waren die Morgenstunden seltsam herb und erfrischend. Am ruhigeren und kühleren Tempo der Zeit, am gänzlich neuen Geruch der Luft, an der veränderten Konsistenz des Lichts konnte man erkennen, daß man eine andere Serie von Tagen betreten hatte, ein neues Gebiet des Gottesjahres.

Die Stimme vibrierte klangvoll und frisch unter den neuen Himmeln, wie in einer neuen, noch leeren Wohnung, in der es nach Lack und Farbe riecht, nach begonnenen, noch nicht erprobten Dingen. Seltsam bewegt prüfte man das neue Echo, schnitt es mit derselben Neugier an wie den Kuchen zum Kaffee an einem kühlen und nüchternen Morgen, vor dem Antritt einer Reise.

Mein Vater saß wieder hinten im Ladenkontor, in der kleinen gewölbten Kammer, die wie ein Bienenstock von den vielzelligen Fächern der Registratur vergittert war, deren Schichten von Papieren, Briefen und Fakturen sich endlos schuppten. Aus dem Rascheln der Bögen, aus dem anhaltenden Blättern in Papieren erwuchs die karierte und leere Existenz des Raumes, im unablässigen Umstapeln der Papierstöße erneuerte sich in der Luft aus ungezählten Firmenbriefköpfen fortwährend die Apotheose einer Fabrikstadt, einer aus der Vogelperspektive betrachteten, mit qualmenden Schornsteinen gespickten Stadt, eingefaßt von Medaillenreihen und umklammert von den Pirouetten und Schnörkeln bombastischer *et* und *Comp.*

Dort saß mein Vater auf einem hochbeinigen Hocker wie in einer Voliere, in den Taubenschlägen der Registraturen raschelten die Papierstapel, und alle Nester und Höhlen waren vom Gezwitscher der Ziffern erfüllt.

Das Innere des riesigen Ladens hatte sich verdunkelt und verschaffte sich jeden Tag reichere Vorräte an Tuch, Cheviot, Samt und Cord. Die dunkle, abgelagerte Buntheit der Dinge auf den Stellagen der Speicher und Lager mit ihrer kühlen, filzigen Farbenpracht hatte hundertfachen Gewinn abgeworfen, das mächtige Kapital des Herbstes hatte sich vervielfacht und gesättigt. Dort wuchs und dunkelte das Kapital, es machte sich in den Regalen wie auf den Galerien eines großen Theaters breit und breiter, jeden Morgen ergänzte und erweiterte es sich noch durch neue Warenladungen, die in Kisten und Packen zusammen mit der Morgenkühle auf den Bärenschultern stöhnender bärtiger Träger im Dunst von Herbstfrische und Wodka hereingetragen wurden. Die Gehilfen luden die neuen Vorräte satter Seidenfarben aus und füllten und kitteten damit sorgfältig alle Ritzen und Lücken in den hohen Schränken. Es war ein gewaltiges Register aller Herbstfarben, übereinandergeschichtet und nach Tönungen sortiert, es lief wie auf klingenden Stufen nach oben und nach unten, durch die Tonleitern aller Farboktaven. Es begann tief unten, versuchte klagend und zaghaft die schwindenden Halbtöne des Alts, ging über zur verblichenen Asche der Ferne, zum Grün und Himmelblau von Gobelins und wuchs in immer ausladenderen Akkorden empor, erreichte tiefdunkle Blautöne, das Indigo ferner Wälder und den Flaum rauschender Parks, um dann durch alle Ocker-, Rötel-, Rostrot- und Sepiaschattierungen hindurch in die raschelnden Schatten welkender Gärten zu gelangen, zum dunklen Pilzgeruch, zum modrigen Hauch in den Tiefen der Herbstnacht, zur dumpfen Begleitung der allertiefsten Bässe.

Mein Vater schritt die Arsenale des Tuch-Herbstes ab, er beruhigte und besänftigte die Massen, ihre zunehmende Kraft, die ruhige Macht der Jahreszeit. Er wollte die Vorräte der gelagerten Farbenfülle so lange wie möglich als Ganzes bewahren. Er fürchtete diese eiserne Reserve des Herbstes anzubrechen, sie gegen Bargeld zu tauschen. Doch er wußte, er spürte, daß die Herbstzeit mit ihrem Sturm kommen werde, mit einem warmen, verheerenden Sturm, der über die Schränke hinwegfegt, so daß sie ihre Schleusen öffneten, und daß nichts die Flut der Farbströme aufhalten konnte, die über der ganzen Stadt explodierten.

Die Nacht der Großen Saison kam heran. Die Straßen belebten sich. Um sechs Uhr nachmittags blühte die Stadt erregt auf, die Häuser bekamen rote Wangen, und die Menschen, von einem inneren Feuer belebt, wanderten geschminkt und grell gefärbt einher, ihre Augen glänzten in festlichem, schönem und bösem Fieber.

Die Stadt war leer auf den Seitensträßchen und in den stillen Gassen, die schon in abendliche Gefilde geflohen waren. Nur noch die Kinder spielten auf den kleinen Plätzen unter den Balkonen, sie spielten atemlos, lärmend und unsinnig. Sie hielten sich kleine Bläschen an den Mund, um sie aufzupusten und sich dann selbst plötzlich zu riesigen, blubbernden, platschenden Beulen puterrot aufzuplustern oder um sich zu einer blöden, roten, krähenden Gockelmaske aufzugockeln, zu einer herbstfarbenen Fratze, phantastisch und absurd. Derart aufgeblasen und krähend schienen sie sich in langen bunten Ketten in die Lüfte zu erheben und wie herbstliche Vogelformationen über die Stadt dahinzuziehen – phantastische Flottillen aus Fließpapier und Herbstlaune. Oder sie schoben sich unter Geschrei auf kleinen, lärmenden Wagen herum, deren Räder, Speichen und Deichseln in allen Farben ratterten. Die Wagen schossen, mit ihrem Geschrei beladen, die Straße hinunter, sie überschlugen sich, bis zum tief gelegenen, über die Ufer getretenen, gelben Abendflüßchen hinunter, wo sie in Rollen, Rädchen und Stöckchen zerfielen.

Und während die Spiele der Kinder immer mehr Krach und Durcheinander erzeugten, errötete die Stadt noch tiefer, und ihre Wangen erblühten purpurn; dann plötzlich begann die ganze Welt zu welken und sich mit Schwarz zu überziehen, und rasch stieg eine gespenstische Dämmerung auf, die alle Dinge ansteckte. Tückisch und giftig griff die Seuche der Dämmerung um sich, sie sprang von einem Ding aufs andere über, und was immer sie berührte, begann sogleich zu faulen, schwarz zu werden, zu Staub zu zerfallen. Die Menschen flohen vor der Dämmerung in lautloser Panik, und plötzlich packte sie dieser Aussatz und überschüttete ihre Stirn mit dunklem Ausschlag, sie verloren ihre Gesichter, von denen große, unförmige Flecken abfielen, und so gingen sie ohne Gesichtszüge, ohne Augen weiter, verloren unterwegs eine Maske um die andere, so daß die Dämmerung nur so wimmelte von den Larven, die sie auf der Flucht abgeworfen und verstreut hatten. Sodann begann alles mit schwarzer, morscher, sich in großen Placken schuppender Borke zuzuwachsen, mit dem kranken Schorf der Dunkelheit. Doch während unten alles die Zügel schießen ließ und in stillem Aufruhr, in der Panik raschen Zerfalls ganz und gar zunichte geworden war, hielt sich oben das schweigende, alarmierte Abendlicht, das immer höher stieg und vom Gezwitscher einer Million leiser Glöckchen erzitterte, das sich wie eine Million unsichtbarer Lerchen in die Lüfte schwang und in eine einzige, riesige, silberne Unendlichkeit flog. Dann war es plötzlich Nacht – eine riesige Nacht, die sich durch die Windstöße noch weiter ausdehnte. Aus ihrem vielfach verschlungenen Labyrinth hatten sich Lichtnester herausgeschält: die Läden – große, farbige Laternen mit aufgetürmter Ware und dem Stimmengewirr der Käufer. Durch die hellen Scheiben der Laternen konnte man das lärmende Ritual des herbstlichen Einkaufens mit seinen vielen wunderlichen Zeremonien verfolgen.

Die riesige, gefaltete Herbstnacht, die mit den Schatten wuchs und sich mit den Winden dehnte, hielt in ihren dunklen Falten noch helle Taschen versteckt, Säckchen mit Kleinigkeiten in allen Farben, mit Pralinen, Keksen und einem buntgescheckten Allerlei von Kolonialwaren. Die Buden und Kramläden, zusammengeklebt aus Konfektschachteln, grellbunt mit Schokoladenreklame tapeziert, gefüllt mit Seifenstückchen, fröhlichem Trödel, vergoldetem Krimskrams, Stanniolpapier, Tröten, Waffeln und bunten Pfefferminzbonbons, waren die Stationen des Leichtsinns, die Klappern der Sorglosigkeit, die sich über das Gestrüpp der gewaltigen labyrinthartigen, winddurchflatterten Nacht verstreut hatten.

Eine riesige dunkle Menschenmenge strömte durch das Dunkel, ein lärmendes Durcheinander, das Scharren Tausender Füße, das Gewirr Tausender Stimmen – es war eine wimmelnde, sich tummelnde Wanderung durch die Arterien der herbstlichen Stadt. So floß der Fluß dahin, und in ihm Stimmenlärm, dunkle Blicke, listiges Spähen, zerstückelte Gespräche und zerhackte Plaudereien – ein gewaltiger Brei aus Klatsch, Gelächter und Trubel.

Es war, als seien herbstliche, getrocknete Mohnköpfe, aus denen der Mohn rieselte, in Scharen aufgebrochen – Rappelköpfe, Klappermenschen.

Mein Vater lief nervös, mit rotgefärbten Wangen

und blitzenden Augen im hell erleuchteten Geschäft umher und horchte.

Durch die Schaufenster und das Portal drang von ferne das Rauschen der Stadt, das gedämpfte Gemurmel des vorbeiströmenden Gedränges. Über der Stille des Ladens brannte hell eine Öllampe, sie hing vom großen Gewölbe herab und verdrängte noch die kleinste Schattenspur aus allen Winkeln und Ritzen. Der große leere Fußboden knackte in dieser Lautlosigkeit und zählte im Licht kreuz und quer seine leuchtenden Quadrate, ein Schachbrett aus riesigen Feldern, die in der Stille knackend miteinander sprachen und hier und da mit einem lauten Krachen antworteten. Die Tuchstoffe jedoch lagen still und lautlos in ihrer filzigen Samtigkeit da, sie warfen sich hinter dem Rücken meines Vaters an der Wand entlang Blicke zu und tauschten leise Zeichen des Einverständnisses von Schrank zu Schrank.

Mein Vater horchte. Sein Ohr schien sich in der nächtlichen Lautlosigkeit bis nach draußen zu verlängern und zu verzweigen: ein phantastisches Korallentier, ein roter Polyp, der im Abschaum der Nacht wogte.

Er horchte und hörte. Er hörte mit wachsender Unruhe die ferne Menschenflut, die näher rückte. Entsetzt blickte er sich im leeren Laden um. Er suchte die Gehilfen. Doch die dunklen und rothaarigen Engel waren ausgeflogen. Nur er allein war zurückgeblieben, in seiner Angst vor der Menschenmenge, die jeden Augenblick die Stille des Ladens mit lärmenden, plündernden Horden überschwemmen und den ganzen reichen Herbst, der sich im Laufe der Jahre in diesem einsamen Speicher angesammelt hatte, unter sich verteilen und versteigern würde.

Wo waren die Gehilfen? Wo waren diese wohlgestalteten Cherubim, die doch die dunklen Tuchschanzen verteidigen hätten sollen? Mein Vater hegte den schmerzlichen Verdacht, daß sie irgendwo in den Tiefen des Hauses mit den Töchtern der Menschen sündigten. Als er so, reglos und bekümmert, mit blitzenden Augen in der hellen Stille des Ladens stand, lauschte er in sich hinein und spürte, was im Hause geschah, in den Hinterkammern dieser riesigen bunten Laterne. Das Haus öffnete sich ihm Kammer für Kammer, Stube für Stube, wie ein Kartenhaus, und er sah die Gehilfen hinter Adela her jagen, durch alle leeren und hell erleuchteten Zimmer, treppauf, treppab, bis sie ihnen entwischte und in die helle Küche rannte, wo sie sich hinter der Kredenz verbarrikadierte.

Dort stand sie, außer Atem, glänzend und vergnügt, und flatterte lächelnd mit ihren überlangen

Wimpern. Die Gehilfen hockten kichernd vor der Tür. Das Küchenfenster stand offen für die große, schwarze Nacht mit ihrem schwirrenden Durcheinander. Die schwarzen Scheiben flammten im Widerschein ferner Illuminationen. Die blitzenden Töpfe und Flaschen standen reglos da und funkelten in der Stille mit ihrer fettigen Glasur. Adela beugte ihr buntgeschminktes Gesicht mit den flatternden Augen vorsichtig aus dem Fenster. Sie suchte die Gehilfen auf dem dunklen Hof, überzeugt davon, daß diese einen Hinterhalt planten. Und da waren sie, Adela sah, wie sie vorsichtig, im Gänsemarsch auf dem schmalen Sims unter dem Fenster an der von fernen Illuminationen rot angestrahlten Hauswand entlang zum Fenster schlichen. Mein Vater schrie vor Zorn und Verzweiflung auf, doch genau in diesem Augenblick waren die Stimmen ganz nahe gekommen, und plötzlich bevölkerten sich die hellen Fenster des Ladens mit schief grinsenden Gesichtern, mit schwatzhaften Gesichtern, die ihre Nasen an den schimmernden Scheiben platt drückten. Mein Vater wurde purpurrot vor Empörung und sprang auf den Ladentisch. Und als die Menge die Festung im Sturm eroberte und unter Lärm und Tumult in den Laden einmarschierte, schwang sich mein Vater mit einem Satz auf die Tuchregale und stieß, hoch über der Menge, mit voller Kraft in eine riesige Horn-Posaune und blies Alarm. Doch das Gewölbe füllte sich nicht mit dem Rauschen zu Hilfe eilender Engel, statt dessen antwortete auf jeden Jammerlaut der Trompete der riesige, lachende Chor der Menge.

»Jakub soll handeln! Jakub, verkaufen!« riefen alle, und der ständig wiederholte Ruf, im Chor rhythmisiert, ging langsam in die Melodie eines aus allen Kehlen gesungenen Refrains über. Da gab sich mein Vater geschlagen, er sprang von seinem erhöhten Sims herab und stürmte mit einem Aufschrei zu den Tuch-Barrikaden. Durch den Zorn ins Riesenhafte gewachsen, rannte er mit purpurrotem Kopf, der zu einer riesigen Faust geworden war, wie ein kämpfender Prophet auf die Tuchschanze zu und begann gegen sie zu wüten. Mit dem ganzen Körper stemmte er sich gegen die mächtigen Wollstoffballen und riß sie aus dem Gestell, schob sich unter die gewaltigen Tuchposten und hievte sie auf seine gebeugten Schultern, um sie von der Höhe der Galerie mit dumpfem Gepolter auf den Ladentisch zu werfen. Die Ballen flogen durch die Luft und wickelten sich flatternd zu riesigen Bannern auf, von allen Seiten entluden die Regale ihre explodierenden Draperien, Wasserfälle aus Tuch, wie unter dem Schlag von Moses' Stab.

So ergossen sich die Vorräte, sie flossen in breiten

Strömen aus den Schränken wie ein heftiges Erbrechen. Der bunte Inhalt der Regale floß aus, schwoll an, stieg immer höher und überschwemmte alle Verkaufstische.

Die Wände des Ladens verschwanden unter den gewaltigen Formationen dieser Tuch-Kosmogonie, unter diesen Gebirgsketten, die sich zu mächtigen Massiven türmten. Zwischen den Berghängen taten sich weite Täler auf, und inmitten des weitläufigen Pathos des Hochlands donnerten die Konturen der Kontinente. Der Ladenraum erweiterte sich zum Panorama einer herbstlichen Landschaft voller Seen und Fernen, und vor dem Hintergrund dieser Szenerie wandelte mein Vater zwischen den Falten und Tälern eines phantastischen Kanaan, er wandelte mit großen Schritten, die Arme wie ein Gekreuzigter prophetisch gen Himmel gereckt und formte das Land mit den Schlägen seiner Eingebung.

Unten jedoch, am Fuße dieses aus dem Zorn des Vaters gewachsenen Sinai, gestikulierte das Volk, es schmähte und betete Baal an, und es trieb Handel. Mit vollen Händen packten die Menschen die weichen Falten, drapierten farbiges Tuch um sich, hüllten sich in improvisierte Dominos und Mäntel und schwatzten ohne Unterlaß durcheinander.

Mein Vater wuchs plötzlich über die Gruppen der Feilschenden hinaus; durch den Zorn in die Länge gezogen, wies er die Götzendiener aus seiner Höhe mit mächtigen Worten zurecht. Dann stieg er, außer sich vor Verzweiflung, auf die hohen Galerien der Schränke, raste wie toll über die Stützen der Borde, über die dröhnenden Borde der kahlgefegten Gerüste, verfolgt von den Bildern schamloser Ausschweifung, die er hinter seinem Rücken im Inneren des Hauses wähnte. Die Gehilfen hatten unterdessen den eisernen Balkon in der Höhe des Fensters erreicht, sie hielten sich an der Balustrade fest und hatten Adela, die mit den Augen flatterte und ihre schlanken Beine in den Seidenstrümpfen nachschleifen ließ, um die Taille gepackt, um sie aus dem Fenster zu zerren.

Während mein Vater, entsetzt über die Abscheulichkeit der Sünde, durch den Zorn seiner Gesten in das Grauen der Landschaft hineinwuchs, gab sich unten das sorglose Volk Baals einer ausschweifenden Fröhlichkeit hin. Eine parodistische Passion, eine Lachseuche hatte den Pöbel erfaßt. Wie hätte man auch Ernst von ihm verlangen können, von diesem Volk der Ratschen und Nußknacker! Wie hätte man Verständnis für die große Sorge meines Vaters verlangen können, von diesen Klappermühlen, die unaufhörlich bunten Wortbrei mahlten! Taub für die Donnerschläge des prophetischen Zorns, hockten die in seidene Pekeschen gekleideten Händler in kleinen Häufchen um die zerklüfteten Stoffberge herum und erörterten lachend und schwatzend die Vorzüge der Ware. Diese schwarze Börse verbreitete mit flinker Zunge die edle Substanz der Landschaft, zerhackte sie schwatzend in tausend Stücke und verschluckte sie beinahe.

Anderswo hatten sich Juden in farbigen Kaftanen und mit breitkrempigen Pelzhüten auf dem Kopf um die hohen Wasserfälle der hellen Stoffe gruppiert. Dies waren die Männer des Hohen Rates, würdige und überaus salbungsvolle Herren, die ihre langen, gepflegten Bärte glattstrichen und zurückhaltende, diplomatische Gespräche führten. Doch auch in dieser förmlichen Konversation, in den Blicken, die sie tauschten, blitzte feixende Ironie. Zwischen den Gruppen tummelte sich das gemeine Volk, die gestaltlose Menge, Gesindel ohne Gesicht und Individualität. Es füllte gewissermaßen die Lücken in der Landschaft, polsterte den Hintergrund mit dem Geklingel und Geklapper gedankenlosen Geschwätzes. Es war das närrische Element, eine ausgelassen tanzende Menge von Pulcinellen und Harlekinen, die ohne ernsthafte eigene Handelsintentionen mit ihrem närrischen Schabernack die hier und dort sich anbahnenden Transaktionen ad absurdum führten.

Allmählich jedoch, der Albernheiten müde, zerstreute sich das fröhliche Völkchen in fernere Gefilde und verlor sich dort nach und nach zwischen Felsschluchten und Tälern. Wahrscheinlich waren die Spaßvögel, einer nach dem anderen, in die Ritzen und Falten des Terrains entwischt, wie Kinder, die das Spielen in den Ecken und Winkeln der Wohnung leid waren, in eine Ballnacht.

Indes spazierten die Stadtväter, die Männer des Großen Synhedrion, in ernsten und würdigen Gruppen einher und führten leise, tiefschürfende Dispute. Sie hatten sich über das ganze gebirgige Land verteilt und wandelten zu zweit und zu dritt auf den fernen und gewundenen Wegen. Ihre kleinen und dunklen Silhouetten bevölkerten das ganze wüstengleiche Hochland, über dem ein schwerer, faltiger und wolkiger Himmel hing, in lange, parallele Furchen gepflügt, in silberne und weiße Schollen, die in der Tiefe immer weitere Lagen ihrer Schichtung zeigten.

Das Licht der Lampe hatte in diesem Land einen künstlichen Tag geschaffen – einen sonderbaren Tag, einen Tag ohne Morgenröte und ohne Abend.

Langsam kam mein Vater zur Ruhe. Sein Zorn hatte sich gelegt und war in den Lagen und Schichten der Landschaft abgekühlt. Er saß jetzt auf den Galerien der hohen Regale und blickte über das weitläufige Land hin, in dem es Herbst wurde. Er

sah wie in den fernen Seen gefischt wurde. In den Booten, winzigkleinen Nußschalen, saßen je zwei Fischer, die ihre Netze auswarfen. Am Ufer trugen junge Burschen die Körbe mit dem zappelnden, silbernen Fang auf ihren Köpfen.

Da bemerkte er, wie die wandelnden Gruppen in der Ferne die Köpfe gen Himmel wandten und mit erhobenen Händen auf etwas zeigten.

Und plötzlich flimmerte ein farbenprächtiger Ausschlag über den Himmel, er überzog sich mit wabernden Flecken, die wuchsen und reiften und die Lüfte mit einem seltsamen Volk von Vögeln erfüllten, die in riesigen, sich überschneidenden Spiralen kreisend ihre Runden zogen. Der ganze Himmel war von ihrem erhabenen Flug bedeckt, vom Schlagen der Flügel auf den majestätischen Bahnen ihres stillen Schwebens. Manche glitten reglos wie riesige Störche auf ihren ruhig ausgebreiteten Schwingen dahin, andere, die bunten Federbüscheln oder barbarischen Trophäen glichen, schlugen schwerfällig und ungelenk mit den Flügeln, um sich auf den Wellen der warmen Aura zu halten, wieder andere schließlich, tölpelhafte Konglomerate aus Flügeln, plumpen Beinen und gerupften Hälsen, erinnerten an schlecht ausgestopfte Geier und Kondore, aus denen das Sägemehl rieselt.

Unter ihnen waren zweiköpfige Vögel und vielflügelige Vögel, auch gab es welche, die verkrüppelt waren und einflügelig und ungeschickt durch die Luft humpelten. Mehr und mehr glich der Himmel einem alten Fresko mit Fabelwesen und phantastischen Tieren, die sich umkreisten und aneinander vorbeiflogen, um in farbigen Ellipsen wieder zurückzukehren.

Vom plötzlichen Glanz übergossen, erhob sich mein Vater auf den Stützbalken, streckte die Hände aus und rief die Vögel mit einem alten Zauberspruch herbei. Voller Rührung erkannte er sie. Es war die ferne, vergessene Nachkommenschaft der Vogelgeneration, die Adela einst in alle Himmelsrichtungen verscheucht hatte. Jetzt kehrte sie zurück, die degenerierte, innerlich zerrüttete Vogelsippe, die künstliche, aus der Art geschlagene und wuchernde Brut.

Blödsinnig in die Höhe geschossen, sinnlos ins Riesenhafte gewachsen, war sie innen hohl und ohne Leben. Alle Vitalität der Vögel war ins Gefieder übergegangen und ins Phantastische ausgeufert. Es war wie ein Museum ausrangierter Arten, wie die Rumpelkammer eines Vogelparadieses.

Einige flogen auf dem Rücken, sie hatten schwere, ungefüge, mit farbigen Höckern beladene Schnäbel, die Riegeln und Schlössern glichen, und sie waren blind.

Wie gerührt war mein Vater angesichts der unerwarteten Rückkehr, wie erstaunt über den Vogelinstinkt, über die Verbundenheit mit dem Meister, die das vertriebene Volk wie eine Legende in der Seele bewahrt hatte, um schließlich, nach vielen Generationen, kurz vor Aussterben der Sippe, zurück in die urzeitliche Heimat zu ziehen.

Doch diese blinden Papiervögel konnten meinen Vater nicht mehr erkennen. Vergeblich rief er sie mit dem Zauberspruch von früher, in der vergessenen Vogelsprache: Sie hörten und sahen ihn nicht.

Plötzlich pfiffen Steine durch die Luft. Das waren die Spaßmacher, das dumme und gedankenlose Volk, sie zielten mit Geschossen auf den phantastischen Vogelhimmel.

Vergeblich warnte mein Vater, vergeblich drohte er mit beschwörenden Gesten, er wurde nicht gehört und nicht wahrgenommen. So stürzten die Vögel herab. Von den Geschossen getroffen, hingen sie schwer und welk in der Luft. Und schon ehe sie zu Boden fielen, waren es nur noch unförmige Federhaufen.

In einem Augenblick war das Hochland mit den seltsamen, phantastischen Kadavern bedeckt. Ehe mein Vater zur Stätte des Massakers eilen konnte, lag die ganze, herrliche Vogelsippe schon tot ausgestreckt auf den Felsen.

Erst jetzt, aus der Nähe, konnte mein Vater die ganze Minderwertigkeit dieser verarmten Generation betrachten, die ganze Lächerlichkeit ihrer billigen Anatomie.

Es waren ungeheure Federbüschel, mehr schlecht als recht mit altem Aas ausgestopft. Bei vielen konnte man den Kopf nicht erkennen, da dieser keulenförmige Körperteil keinerlei Merkmale einer Seele aufwies. Einige waren wie die Wisente mit zotteligem, verfilztem Fell bedeckt, sie stanken abscheulich. Andere erinnerten an bucklige und kahle verendete Kamele. Und wieder andere bestanden offenbar aus einem besonderen Papier, sie waren innen hohl, doch außen prächtig gefärbt. Und einige schließlich zeigten bei näherer Betrachtung, daß sie nichts anderes waren als riesige Pfauenschweife, farbige Fächer, denen auf unbegreifliche Art und Weise der Anschein von Leben eingehaucht worden war.

Ich sah die traurige Rückkehr meines Vaters. Der künstliche Tag nahm schon langsam die Farben eines gewöhnlichen Morgens an. Im verwüsteten Laden füllten sich die obersten Regale mit den satten Farben des Morgenhimmels. Unter den Bruchstükken der erloschenen Landschaft, unter den zertrümmerten Kulissen der nächtlichen Szenerie sah mein Vater, wie die Gehilfen aus dem Schlaf stiegen. Sie krochen unter den Tuchballen hervor und gähnten in die Sonne. Oben in der Küche mahlte Adela, noch schlafwarm und mit zerzaustem Haar, den Kaffee in einer Mühle, die sie an die weiße Brust gedrückt hielt, von der die Bohnen Glanz und Hitze annahmen. Die Katze putzte sich in der Sonne.

DIE MYTHISIERUNG DER WIRKLICHKEIT

Der Wesen der Wirklichkeit ist der Sinn. Was keinen Sinn hat, ist für uns nicht wirklich. Jedes Stück Wirklichkeit lebt dadurch, daß es an einem universalen Sinn teilhat. Die alten Kosmogonien faßten dies in den Satz: Am Anfang war das Wort. Was unbenannt ist, existiert für uns nicht. Etwas zu benennen bedeutet, es in einen universalen Sinn einzubeziehen. Das isolierte Wort, das Wort als Mosaikstein, ist ein späteres Produkt, es ist bereits ein Resultat der Technik. Das ursprüngliche Wort war ein Phantasiegebilde, das den Sinn der Welt umkreiste, es war ein großes universales Ganzes. Das Wort in seiner alltäglichen, heutigen Bedeutung ist nur noch ein Bruchstück davon, das Rudiment einer früheren, allumfassenden, integralen Mythologie. Deshalb strebt es danach, immer wieder nachzuwachsen, sich zu regenerieren, vollständig zu Sinn zu werden. Das Leben des Wortes besteht darin, daß es sich nach tausend Verbindungen dehnt und streckt, wie der zerstückelte Leib der Schlange in der Legende, deren Einzelteile einander in der Dunkelheit suchen. Dieser tausendfältige, doch integrale Wort-Organismus ist in einzelne Wörter zerrissen worden, in Laute, in Umgangssprache, und er ist in dieser neuen Form, dem praktischen Bedarf angepaßt, bereits als Organ der Verständigung zu uns gekommen. Das Leben des Wortes, seine Entwicklung, wurde auf neue Gleise, auf die Gleise der Lebenspraxis gelenkt und neuen Vorschriften unterworfen. Doch wenn die Gebote der Praxis auf die eine oder andere Weise ihre Zügel lockern, wenn das Wort, von diesem Zwang befreit, sich selbst überlassen ist und wieder den eigenen Gesetzen zurückgegeben wird, dann regrediert es, strömt zurück, strebt nach früheren Verbindungen, möchte wieder vollständig zu Sinn werden – und diesen Drang des Wortes zurück zum Ursprungsort, seine zurückgewandte Sehnsucht, die Sehnsucht nach der Urheimat des Wortes nennen wir Poesie.

Poesie – das sind die Kurzschlüsse des Sinns zwischen den Worten, die schlagartige Regeneration der ursprünglichen Mythen.

Wenn wir mit umgangssprachlichen Worten operieren, vergessen wir immer, daß es Teile vergangener und ewiger Geschichten sind, und daß wir, wie die Barbaren, unsere Häuser aus den Trümmern von

Skulpturen und Statuen der Götter errichten. Unsere nüchternsten Begriffe und Definitionen sind entfernte Derivate der Mythen und Geschichten von früher. Selbst das kleinste Körnchen unserer Ideen ist aus der Mythologie hervorgegangen – ist seinerseits verwandelte, verstümmelte, umgeformte Mythologie. Die ursprünglichste Funktion des Geistes ist das Fabulieren, das Erfinden von »Geschichten«. Der Motor menschlicher Wissenschaft ist die Überzeugung, daß der absolute Sinn der Welt am Ende aller Forschungen gefunden wird. Sie sucht ihn auf dem Gipfel ihrer künstlichen Stapel und Gerüste. Doch die Elemente, die sie zum Bau verwendet, sind schon einmal gebraucht worden, sie stammen aus vergessenen und zertrümmerten »Geschichten«. Die Poesie erkennt diesen verlorenen Sinn wieder, sie gibt den Worten ihren Ort zurück und fügt sie gemäß ihrer früheren Bedeutung wieder zusammen. Bei einem Dichter besinnt sich das Wort gleichsam auf seinen wesentlichen Sinn, es blüht auf und entwickelt sich spontan nach eigenen Gesetzen, es erlangt seine Integralität zurück. Deshalb ist jede Poesie Mythologisierung, sie trachtet danach, die Welt-Mythen wiederherzustellen. Die Vermythisierung der Welt ist nicht abgeschlossen. Dieser Prozeß wurde von der Entwicklung der Wissenschaft lediglich aufgehalten, auf eine Seitenbahn gedrängt, wo er weiterlebt, ohne seinen wesentlichen Sinn zu verstehen. Doch auch die Wissenschaft ist nichts anderes als das Errichten eines Welt-Mythos, denn der Mythos liegt schon in den bloßen Elementen, und wir können aus dem Mythos nicht heraus. Die Poesie gelangt zum Sinn der Welt *anticipando*, deduktiv, auf der Grundlage großer und kühner Abkürzungen und Annäherungen. Die Wissenschaft strebt ebendorthin, und zwar induktiv, methodisch, wobei sie das ganze Erfahrungsmaterial berücksichtigt. Im Grunde wollen Poesie und Wissenschaft auf ein und dasselbe hinaus.

Der menschliche Geist ist unermüdlich, wenn es darum geht, das Leben durch Mythen zu glossieren, die Wirklichkeit mit Sinn zu versehen. Das Wort allein, sich selbst überlassen, gravitiert, es wird vom Sinn angezogen.

Der Sinn ist das Element, das die Menschheit in den Prozeß der Wirklichkeit hineinzieht. Er ist eine absolute Größe. Er läßt sich nicht von anderen Größen ableiten. Warum uns etwas sinnvoll scheint – das ist unmöglich zu bestimmen. Die Welt mit Sinn zu versehen ist ein Prozeß, der eng mit dem Wort verbunden ist. Die Sprache ist das metaphysische Organ des Menschen. Doch das Wort erstarrt im Laufe der Zeit, es verfestigt sich, zieht keinen neuen Sinn mehr nach sich. Der Dichter gibt den Worten die Führung durch neue Spannungen zurück, die aus Kumulationen entstehen. Die Symbole der Mathematik erweitern das Wort um neue Bereiche. Auch das Bild ist ein Derivat des ursprünglichen Wortes, eines Wortes, das noch kein Zeichen war, sondern Mythos, Geschichte, Sinn.

Wir halten das Wort üblicherweise für den Schatten der Wirklichkeit, für ihr Abbild. Richtiger wäre die umgekehrte Behauptung: Die Wirklichkeit ist der Schatten des Wortes. Philosophie ist eigentlich Philologie, sie ist die tiefgreifende, schöpferische Erforschung des Wortes.

ANHANG

NACHWORT

»EINE BRÜCKE INS AUSLAND«

Am 4. November 1936 schrieb Bruno Schulz aus Drohobycz an den in Wien lebenden Lemberger Anwalt Mendel Neugröschl in deutscher Sprache:

Sehr geehrter Herr Doktor!

Meine liebe Freundin, Frau Debora Vogel berichtet mir, daß Sie in einem Schreiben an sie einiges Interesse für mein Buch – *Sklepy cynamonowe* bekündet hätten.

Ich erlaube mir mit gleicher Post, Ihnen ein Exemplar des Buches zu übersenden und würde es mich sehr freuen, wenn Sie es der Mühe wert finden, einiges daraus, oder gar das ganze Buch zu übersetzen. Für diesen Fall gilt dies Schreiben als Erteilung des Übersetzungsrechtes.

Ich bitte Sie um Verzeihung, wegen des beschädigten Exemplars, aber ich habe kein anderes zur Hand und wahrscheinlich liegt Ihnen nichts an einem neuen.

Ich verbleibe mit vorzüglicher Hochachtung

Bruno Schulz

Die *Zimtläden (Sklepy cynamonowe)* waren Ende 1933 in Polen erschienen und hatten die Kritiker polarisiert: Überschwang und Verständnislosigkeit, Beifall und Polemik wechselten sich ab, es gab kaum moderate Töne. Man war geblendet von den Schulzschen Sprachexplosionen, von dieser in jeder Hinsicht phantastischen Literatur, die sich über alle bisher geltenden Regeln der Erzählkunst hinwegsetzte. Doch die Aufmerksamkeit, die das Buch auf sich zog, schien sich auf den Raum Polens zu beschränken. Ausländische Verlage oder Übersetzer wagten sich zunächst nicht an das Werk, und der Autor sah sich veranlaßt, selber etwas zu unternehmen, um eine fremdsprachige Publikation in die Wege zu leiten.

Mendel Neugröschl (1903–1965), von Schulz' Freundin Debora Vogel vermittelt, hatte einige Gedichtzyklen verfaßt und eine Anthologie polnischer Lyrik auf Jiddisch herausgegeben, doch in diesem Fall ging es Schulz um eine Übersetzung ins Deutsche. Das Projekt wurde nicht weiterverfolgt. Neugröschl kam 1938 ins Konzentrationslager

Dachau. Wieder in Freiheit, emigrierte er nach New York.

Knapp ein Jahr nach diesem ersten Kontakt mit einem Übersetzer schien sich in Italien eine neue Möglichkeit zu ergeben. Georg (Jorge) Pinette, ein Cousin der mit Schulz bekannten Pianistin Maria Rey-Chasin, wollte einen italienischen Verlag für das Buch gewinnen und schrieb am 29. August 1937 aus Mailand – auf polnisch:

»Ich stehe hier in ziemlich guter Verbindung mit einigen wichtigen italienischen Verlagshäusern und würde mich freuen, wenn ich etwas dazu beitragen könnte, Ihre Arbeit hier anzubringen. Ohne polnische Lektoren sind italienische Verleger nicht in der Lage, sich eine Meinung zu bilden, daher mag es angezeigt sein, wenn Sie mir ein kurzes Exposé ihres Buches auf deutsch schicken könnten, oder – noch besser – auf französisch. Außerdem teilen Sie mir bitte mit, ob die Übersetzungsrechte für Italien noch frei sind.«

So schrieb Bruno Schulz sein »Exposé über das Buch ›Zimtläden‹« in deutscher Sprache, um eine Übersetzung ins Italienische anzuregen. Abgesehen vom oben zitierten Brief an Neugröschl, ist dieses Exposé der einzige erhaltene Text, den Bruno Schulz auf deutsch geschrieben hat. Jerzy Ficowski (1924–2006), der sein Leben lang bemüht war, alle nicht im Krieg verlorengegangenen Schriften von Bruno Schulz und alle Materialien über ihn sicherzustellen, konnte Jahrzehnte später in Argentinien Pinette ausfindig machen, der ihm 1973 eine Kopie des Schulzschen Typoskripts mit eigenhändigen Korrekturen des Autors zukommen ließ.

Im Jahre 1992 erschien, herausgegeben von Jerzy Ficowski, im Hanser Verlag ein Band mit Aufsätzen und Briefen von Bruno Schulz: *Die Wirklichkeit ist Schatten des Wortes.* Darin ist das Exposé mit einer kurzen Notiz von Ficowski erstmals enthalten, allerdings in einer Abschrift, die an knapp zwanzig Stellen vom Original abweicht, und die im Anhang des Buches als Übersetzung von Mikołaj Dutsch gekennzeichnet wird.

Der heutige Leser mag über orthographische Eigentümlichkeiten in diesem Exposé stolpern, und auch die Interpunktion hätte hier und da eine behutsame Korrektur vertragen. Doch gerade in dieser Urform ist das Exposé ein sensationelles Dokument. Es kann als Ergänzung zu Schulz' wichtigstem programmatischen Text »Die Mythisierung der Wirklichkeit« und den darin enthaltenen Gedanken über das Wort, den Sinn und den »Mythus« gelesen werden, und es kommentiert, interpretiert und veranschaulicht das »mythische Wetterleuchten« in den *Zimtläden* mit konkreten Beispielen.

Doch besonders wertvoll erscheint es mir als Beleg für Bruno Schulz' außergewöhnliche Kompetenz im Deutschen.

Exposé
über das Buch »Zimtläden« von Bruno Schulz

In diesem Buche wird der Versuch unternommen, die Geschichte einer Familie, eines Provinzhauses nicht aus ihren realen Elementen, aus Begebenheiten, Charakteren und den wirklichen Geschicken heraus zu begreifen, sondern über diese hinaus nach einem mythischen Gehalt, nach einem letzten Sinn jener Geschichte zu suchen.

Der Verfasser ist von dem Gefühl ausgegangen, daß die tiefsten Gründe einer Biographie, die letzte Form eines Schicksals gar nicht durch die Schilderung eines äusseren Lebenslaufes, noch durch eine noch so tief geführte psychologische Analyse erschöpft werden könne. Diese letzten Gegebenheiten des menschlichen Lebens lägen vielmehr in ganz anderer geistigen Dimension, nicht in der Kategorie des Faktischen, sondern in der des geistigen Sinnes. Ein Lebenslauf aber, der auf seine eigene Sinnesdeutung hinauswill, auf seine eigene geistige Bedeutung zugespitzt ist, ist nichts anderes als Mythus. Jene dunkle, ahnungsvolle Atmosphäre, jene Aura, die sich um jede Familiengeschichte zusammendrängt und in der es gleichsam mythisch wetterleuchtet, als ob in ihr das letzte Geheimnis des Blutes und des Geschlechtes enthalten wäre – erschliesst dem Dichter den Zugang zu diesem zweiten Gesicht, zu dieser Alternative, dieser tieferen Version der Geschichte.

Hier glaubt der Verfasser sich dem antiken Lebensgefühl nahe, er glaubt aus dem heidnischen Lebensempfinden heraus gestaltet, phantasiert und gesponnen zu haben, wie ja für den antiken Menschen die Genealogie des eigenen Stammes schon hinter der zweiten oder dritten ascendenten Generation ins Mythische sich verlor, der nach rückwärts gewandte Blick die Geschichte der Familie sich in Mythologie auflösen sah.

Was in diesem Buche jedoch geboten wird, ist keine irgendwie kulturhistorisch festgelegte, geschichtlich gemünzte Mythologie. Die Elemente dieses mythologischen Idioms entspringen jenem Dämmerreich der frühen Kindheitsphantasien, den Ahnungen, Ängsten, Antizipationen jener Lebensfrühe, die die eigentliche Wiege des mythischen Denkens bildet. Es galt, diesen mythischen Nebel zu einer zusammenhängenden und sinnvollen Sagenwelt zu verdichten ihn zu einer Art persönlicher und privater Mythologie ausreifen zu lassen ohne dabei den Boden des Autentischen zu verlieren.

Im Mittelpunkt der Handlung sehen wir »den Vater« eine rätselhafte Gestalt, Kaufman seines Zeichens, der an der Spitze einer Schaar dunkler und rothaariger Commis einem Tuchwarengeschäft vorsteht. Wir sehen ihn sich verzehren in ewiger Unrast, tief beunruhigt in seinem Herzen um das ewige Geheimnis, das Wesen der Dinge durch die gewagtesten Experimente immer wieder bestürmen und bedrängen. Diesem schwergeprüften und schicksalgeschlagenen Mann ist es vorbehalten, allein inmitten einer stumpfen und gleichgültigen, seinen metaphysischen Sorgen unzugänglichen Umgebung den Welterlösungsgedanken zu hegen, unter der Wucht einer metaphysischen Mission fast zusammenzubrechen. Seine fragwürdigen und ketzerischen Experimente rühren an den Kern des Weltgeheimnisses. Unaufhörlich reizt es ihn an den geheimen Knoten des Weltzusammenhangs mit frewlerischer Hand zu nesteln und zu fingern, das Welträtsel an seiner heikelsten Stelle zu kitzeln und zu provozieren,

Stammvater eines zahllosen Vogelgeschlechtes, das er in dem Räumen der einsamen Wohnung herangezüchtet hat, lässt er bunte Vogelzüge von Pfauen, Phasanen und Pelikanen aus den Fenstern in die abendliche Landschaft ziehen – Mittelpunkt ihrer Wanderungen, Wirbel und Kreise, bis Adele, seine Erzfeindin, das Stubenmädchen des Hauses diese wimmelnden Vogelschwärme in alle Winde zerstäuben lässt. Nach dieser Niederlage verkümmert er langsam, verdorrt – täglich kleiner in den einsamen Zimmern unter sorglosem Spiel, unsinnigem Geschwätz und Gezwitscher, kommt allmählich in den Räumen der großen Wohnung seinen Angehörigen ganz abhanden, bewahrt vielleicht eine Art Scheinleben in der Gestalt eines ausgestopften alten Geiers, und erscheint dann eines Nachts zu kurzem Besuch bei der Mutter als Commis voyageur, auf seinen Geschäftsreisen.

In uralter Fehde mit dem Schabengeschlecht, das die Wohnung eines Tages mit seinem schwarzen Gewimmel überflutet, wird er unmerklich durch den verzehrenden Hass in jene Irrgänge des Gefühls hineingezogen, wo der Abscheu in eine unheimliche Anziehung umschlägt und nimmt allmählich die Manieren und Lebensweise des verhassten Gezüchtes an. Der Verfasser lässt ihn immer wieder sich aus seinen Verwandlungen erholen und bald sehen wir ihn dann wieder ein Kolleg über Gliederpuppen, Mannequins und »häretische Demiurgie« vor einem Auditorium von kleinen Näherinnen halten, eine gelehrte Dissertation, in der er dem Demiurgos sein alleiniges Recht auf Kreation streitig macht und auf abwegige und ketzerische Methoden der Lebensbildung sinnt.

So lässt ihn der Verfasser von Abenteuer zu Abenteuer von Niederlage zu Niederlage seinen sonderbaren Weg ziehen umgeben von anderen Gestalten und Begebenheiten des Buches und von einer farbigen Landschaft umflutet, die in immer neuen Konfigurationen sein Treiben begleitet.

Schulz schickte das Exposé an Pinette, der es den Verlagen Bompiani, Hoepli und Mondadori vorlegte. Knapp zwei Monate später kam die Antwort: Keiner dieser Verlage wollte die *Zimtläden.* »Der gewonnene Eindruck war leider nicht dazu angetan, sich von diesem Buch einen Verkaufserfolg zu erwarten. Und gerade darum geht es doch – angesichts der schwindenden Leserzahl hierzulande. Die Lage wäre gewiß günstiger, wenn es bereits eine Übersetzung Ihres Buches gäbe: Kein Verleger wird auf Grundlage der Originalversion eine italienische Übersetzung riskieren«, schrieb Pinette am 21. Oktober 1937.

Die erste italienische Übersetzung von Anna Vivanti Salmon, *Le botteghe color canella*, erschien erst 1970 bei Einaudi in Turin, 28 Jahre nach dem Tod des Autors. Ob Schulz sein Exposé auch deutschen Verlagen vorlegte oder vorlegen ließ, ist nicht bekannt.

Die Bemühungen um eine fremdsprachige Publikation der *Zimtläden* waren zu Lebzeiten des Autors vergeblich, die dreißiger Jahre waren kein günstiger Zeitpunkt für einen polnischen Autor jüdischer Herkunft. Und nachdem die Rote Armee 1939 in Galizien einmarschiert war, galten die Richtlinien einer real-sozialistischen Kulturpolitik auch in der Literatur. Um den Anschein eines kulturellen Lebens war man jedoch bemüht, davon zeugt die Gründung von Literaturzeitschriften wie etwa der polnischsprachigen »Neuen Horizonte« in Moskau. Auch Bruno Schulz wurde von dieser zur Mitarbeit aufgefordert, und aus berechtigter Furcht vor den Repressalien, die bei einer Weigerung zu erwarten gewesen wären, kam er der Aufforderung nach. Er sandte 1940 eine Erzählung an die Redaktion, die jedoch mit der Begründung abgelehnt wurde: »Wir brauchen keine Prousts!«

Zwei weitere Versuche, die *Zimtläden* übersetzen zu lassen, mißglückten. Dorota Wygard, die in Wien lebende Frau eines Freundes von Brunos Bruder Izydor, übersetzte einige Erzählungen der *Zimtläden* ins Deutsche, die nie veröffentlicht wurden. Auch eine Übersetzung der Erzählung »August« ins Französische entstand 1939 in Paris. Die Identität der Übersetzerin A. Grünbaum ist nicht restlos geklärt, es existiert jedoch ein Brief von ihr an Schulz, aus dem hervorgeht, daß sie ihm die fertige Arbeit zur Begutachtung senden wollte. Ficowskis Monographie läßt Verwirrung aufkommen, indem hier an zwei verschiedenen Stellen über beide Übersetzungen eine negative Bewertung zitiert wird, und zwar von einem österreichischen Autor, der wie Schulz aus einer galizischen Kleinstadt stammte, jedoch schon 1933, gleich nach der Machtübernahme der Nationalsozialisten, nach Paris emigriert war: Joseph Roth. Schulz hatte ihm 1934 ein Exemplar seiner polnischen *Zimtläden* mit einer überschwenglichen Widmung – »Herrn Joseph Roth zugeeignet von einem tiefbeglückten und hingerissenen Leser des ›Zipper‹, ›Rechts und links‹ und des ›Radetzkymarsches‹« – zukommen lassen, was der Beginn ihrer freundschaftlichen Korrespondenz war. Welche der beiden Übersetzungen Joseph Roth tatsächlich abqualifizierte, bleibt im dunkeln.

Doch Roth konnte seine Begeisterung für Schulz' *Zimtläden* an den ebenfalls in der Pariser Emigration lebenden Literatenkollegen Saul Fryszmann weitergeben und regte ihn an, das Buch zu übersetzen. Auch Fryszman übersetzte die erste Erzählung und wurde von Roth, dem die Arbeit gefiel, zur Fortsetzung ermuntert. Doch dazu kam es nicht: Fryszman erhielt eine Ausreiseerlaubnis nach Palästina. Er wollte die Übersetzungsarbeit in seiner neuen Heimat wieder aufnehmen, doch es blieb beim Vorhaben. Und Joseph Roth, Schulz' Fürsprecher, starb kurz vor Ausbruch des Zweiten Weltkriegs.

Angesichts der Umstände, die ein Erscheinen der *Zimtläden* im deutschsprachigen Ausland verhinderten, entschloß sich Schulz, selbst eine Novelle auf deutsch zu verfassen. Eine Abschrift des im November 1937 fertiggestellten Textes, der den Titel »Die Heimkehr« trug, wollte er im April 1938 Thomas Mann in Zürich zukommen lassen, in der Hoffnung, dessen Interesse zu wecken. Zu einer Veröffentlichung kam es allerdings nicht, und das etwa 30 Seiten umfassende Manuskript ist bis heute verschollen.

Wie hatte Bruno Schulz, dessen Werk sich vor allem durch seine originelle und einzigartige Sprachkunst auszeichnet, diese Sicherheit im Deutschen erlangen können? In seinem polnischen Elternhaus in Drohobycz scheint es nicht übermäßig viele Berührungspunkte mit der deutschen Sprache gegeben zu haben, abgesehen von einer erschütternden Begegnung des achtjährigen Bruno mit Goethes »Erlkönig« – seine Mutter hatte ihm das Gedicht vorgelesen.

Im Galizien der Jahrhundertwende war Deutsch als offizielle Amtssprache der Habsburger Monarchie allgegenwärtig, in der Schule war es die erste zu erlernende Fremdsprache, und auch im Milieu der jüdischen Intellektuellen wurde gern deutsch gesprochen. Schulz las deutschsprachige Literatur (unter vielen anderen Rainer Maria Rilke, Thomas Mann, Alfred Kubin, Joseph Roth) im Original, und später beriet er seine Verlobte Józefina Szelińska bei der polnischen Übersetzung von Franz Kafkas *Process*, zu der er auch das Nachwort schrieb. Noch immer geistert Schulz übrigens in einigen Quellen als Kafka-Übersetzer herum, wenngleich inzwischen bekannt ist, daß er nur seinen Namen zur Verfügung stellte, um die Publikation der Übersetzung voranzutreiben.

Vielleicht könnte ein Umstand, dem bisher noch wenig Beachtung geschenkt wurde, zusätzlichen Aufschluß geben: Bruno Schulz war keineswegs der Provinzler, der aus seiner Heimatstadt Drohobycz kaum herausgekommen ist, als der er noch immer vielerorts gilt. Im Gegenteil, er hatte wiederholt versucht, im Ausland als Künstler Fuß zu fassen. In Drohobycz gab es keine Zukunftsperspektive für ihn, nachdem der kranke Vater seinen Tuchladen hatte schließen müssen, das Elternhaus am Markplatz samt Wohnung und Geschäft von russischen Militärs in Brand gesteckt worden war, der Vater 1915 starb, und die materiellen Sorgen immer bedrückender wurden.

Man weiß, daß Bruno Schulz – abgesehen von etlichen Reisen – sowohl in Lemberg als auch in Wien an den jeweiligen Technischen Hochschulen Architektur studierte. Doch angeblich haben die Wien-Aufenthalte lediglich »mehrere Monate« gedauert. Genauere Informationen zu diesem Thema finden sich in dem von Paolo Caneppele verfaßten Beitrag »Bruno Schulz w Wiedniu« (Bruno Schulz in Wien, in: *W ułamkach zwierciadła*). Daraus geht hervor, daß Schulz sich in den Jahren 1914 bis 1917 sowie 1923 mehrmals monatelang in Wien aufgehalten hat – insgesamt länger als drei Jahre. Ein Umstand, der anhand von Meldezettel-Kopien des Wiener Stadt- und Landesarchivs leicht verifiziert werden konnte. Es liegen acht Meldungen vor, Schulz hat die lange Reise also keineswegs gescheut. Es sieht vielmehr so aus, als hätte er wiederholt Anlauf genommen, der deprimierenden Realität seiner Heimatstadt zu entfliehen.

Das Zusammenwirken von sprachlicher Vorbildung, Lektüre und wiederholtem, intensivem Sprachbad in Wien ist die wahrscheinlichste Erklärung für Schulz' Deutschkenntnisse. Sein dringender Wunsch, sich mit der Übersetzung eines seiner Werke eine »Brücke ins Ausland« zu bauen, ist jedoch zu seinen Lebzeiten nicht in Erfüllung gegangen: Die erste fremdsprachige Publikation, die Erzählung »Die tote Saison« in der französischen Literaturzeitschrift *Les lettres nouvelles* in der Übersetzung von Allan Kosko hatte bis Juli 1959 auf sich warten lassen. Zwei Jahre später folgte der gesamte Zyklus *Die Zimtläden* in französischer und serbokroatischer Sprache, und 1961 erschien im Hanser Verlag die deutsche Übersetzung von Josef Hahn. Diese diente übrigens, damals keine unübliche Praxis, als Vorlage für die dänische und die finnische Übersetzung. Inzwischen ist das Werk von Bruno Schulz in 26 Sprachen übersetzt.

In der Nachbemerkung der deutschen Ausgabe (München 1992) schreibt der Herausgeber, Mikołaj Dutsch, es handle sich bei der »genialen« Übersetzung von Josef Hahn »teilweise um eine dichterische Übertragung«. Sie habe »oft anstelle einer wörtlichen Übersetzung die sinngemäße Wiedergabe, mit all den Konsequenzen für das Wort und die syntaktische Fügung« gewählt. In diesem Hinweis klingt neben der Anerkennung auch eine Bitte um Nachsicht mit. Tatsächlich ist die Übersetzung der Schulzschen sprachlichen Extravaganzen, die oft die Grenze zur Poesie überschreiten, ein abenteuerlicher Balanceakt. Die einfältige Frage »Lieber treu oder lieber schön?« sollte besser lauten: Läßt sich eine Lösung finden, die in jedem einzelnen Satz größtmögliche Originalnähe, Wirkungsäquivalenz und den dazu passenden Klang unterbringt?

Die Wirklichkeit der Worte und Wortkonstruktionen des polnischen Dichters, das ist das »mythische Wetterleuchten«, von dem er in seinem Exposé spricht, die schillernde, kaum faßbare Atmosphäre der Erzählungen. Diese Atmosphäre changiert wie ein Wackelbild und erscheint immer wieder anders beleuchtet und koloriert. In den ausufernden Beschreibungen lauert oft die blanke Parodie, es tummeln sich Paradoxien und exaltierte Fremdwörter. Fiebriges Pathos ist von feixender Ironie und Übertreibung durchsetzt, die wortreiche Pracht kann sich plötzlich als aufgebauschter, billiger Trödel erweisen, und der überdrehte Aberwitz der Bilder verpufft mit einem Augenzwinkern.

Charakteristisch für Schulz' Stil sind die mehrfach verschachtelten, schamlos mit Adjektiven gespickten Satzgebilde, die sich, oft über eine halbe Seite hin, labyrinthartig verästeln und schier ins Unermeßliche wuchern. Sie schrecken weder vor Tautologien noch vor Wiederholungen zurück. Was ist nicht alles farbig und bunt, tief, leuchtend, verworren und vor allem groß und riesig! Und fortwährend wächst und türmt es sich noch weiter auf, es schwillt und gärt, wird noch größer, ja riesenhaft, ungeheuer groß!

Nicht nur in diesem »Größenwahnsinn« zeigt sich deutlich, wie eng Inhalt und Form bei Schulz miteinander verwoben sind. Die Gerümpelberge auf dem Dachboden, die Wolken am unendlichen Himmel oder die wuchernden Gärten – die Architektur der geschilderten Dimensionen geht oft einher mit einer großangelegten Architektur der Sätze. Die Sprache plustert sich gleichsam mit dem beschriebenen Gegenstand auf, flicht Wiederholungen ein, schraubt sich dort, wo keine Steigerung mehr möglich scheint, zu einem Höhepunkt hinauf und fällt dann plötzlich mit einem lakonischen Schlußpunkt wieder in sich zusammen – wie die Zylindertürme auf dem Speicher.

Die theatralischen Vorträge im »Traktat über die Schneiderpuppen«, mit denen der Vater Adela und die beiden Näherinnen zu beeindrucken und abzulenken versucht, verraten unter anderem Schulz'

Vorliebe für Groteskes und für hohl klappernde Sätze mit maximalem Effekt. Was wiederum den Inhalt des Programms der »zweiten Demiurgie« untermauert, worin der Form und der Fassade der kurzlebigen, provisorischen Geschöpfe gehuldigt wird, die hier geschaffen werden sollen: »Hinten können sie einfach mit Leinwand zugenäht oder weiß getüncht sein.« Auch in seinem Schreiben an Witkacy vom Winter 1934/35 beruft sich Schulz auf die »Panmaskerade« als Prinzip. Dieses kulminiert, in der Erzählung »Die Schneiderpuppen«, im Ausruf des Vaters: »Weniger Inhalt, mehr Form!« – wobei er aber in Wirklichkeit Paulinas weiße Wade meint, die er soeben aus den Fesseln des Strumpfes löst.

Die Sprache von Bruno Schulz, deren komplexe Syntax, das ausgefallene Vokabular, die mitunter kuriosen Metaphern, das Pathos, die Ironie und andere Untertöne, verschiedene Fachsprachen und Regionalismen, Wortschöpfungen und nicht zuletzt die lautmalerischen Komponenten sind für den Leser wie für den Übersetzer keine geringe Herausforderung.

Die polnische Sprache scheint besonders geeignet dafür zu sein, Geräusche nachzuformen, nicht nur dank ihrer gehäuften Zischlaute. Wenn Schulz etwa in der Erzählung »Die Zimtläden« schreibt, daß er sich *»wśród dudnienia pudła i budy«* nicht mit dem Droschkenkutscher verständigen konnte, und dabei viermal mit u tönt (das polnische ó wird wie u gesprochen), so daß man das dumpfe Rumpeln der Droschkenkästen genau im Ohr hat, dann muß sich die deutsche Übersetzung schon große Mühe geben, damit es nicht nur häßlich knirscht.

Als bildender Künstler war Schulz naturgemäß mehr von visuellen als von akustischen Phänomenen fasziniert, die er in seiner Sprache nicht nur syntaktisch nachbildete. Gegen Ende der »Fortsetzung des Traktats über die Schneiderpuppen« etwa formieren sich die Falten im Gesicht des Vaters zu einem Wirbel, ja sogar zu einem wirbelsturmähnlichen, rotierenden Trichter, auf dessen Grund *»gorzało groźne oko prorocze ...«* – ein bedrohliches prophetisches Auge glomm. Dieses Auge kann man im Deutschen nicht durchgehend wirkungsäquivalent mit gehäuften o's aufreißen. Doch bieten sich seltene Gelegenheiten, bei denen in der Übersetzung kompensatorisch solcherart Versäumtes nachgeholt und an anderer Stelle eine akustische oder visuelle Sprachmalerei eingefügt werden kann.

Auch der Musik entlehnte Bilder und Metaphern klingen in der Sprache von Bruno Schulz häufig an – allerdings sind gerade diese oft Zielscheibe seines Mutwillens und seiner Paradoxomanie, etwa wenn er einschlägige Utensilien und Begriffe (die »Hornposaune« oder die »Rhythmuskadenz«) wie zum Hohn verbiegt und das Schweigen und die Stille lautstark gellen läßt.

Das sind die schrägen Töne in der Schulzschen Sprachkomposition, deren rhythmische, melodische und klangfarbliche Eigenarten den Leser unmittelbar in den Bann ziehen. Schulz empfand sehr stark die Parallelen zwischen Sprache und Musik und spielte virtuos mit musikalischen Elementen. In einem Moment der tiefsten Depression, der Selbstzweifel und der Schaffenskrise schrieb er am 15. November 1936 an seine Freundin Romana Halpern: »Ich möchte müßig gehen, nichts tun, mich treiben lassen, mich ein wenig an der Landschaft freuen, an einer Himmelskuppel, deren Vorabendwolken sich ins Jenseits auftun. Vielleicht käme dann wieder eine Melodie zu mir, vielleicht strömte mir dann eine Welle der Prosa zu.«

Man kann Musik als Sprache verstehen und Sprache als Musik hören, und man kann auch die instrumentale Ausführung eines notierten Musikstücks und das Übersetzen eines poetischen Textes in vielerlei Hinsicht miteinander vergleichen. Hier wie dort wird man sich beim Reproduzieren der Original-Vorgabe mit künstlerisch-interpretatorischen, technischen und stilistischen Fragen konfrontiert sehen, wobei es in beiden Disziplinen ebenso viele Herangehensweisen wie Interpreten gibt.

Mir schien es wichtig, neben den lexikalischen und satzbaulichen Finessen der einzelnen Texte auch den besonderen musikalischen Qualitäten gerecht zu werden, den einzigartigen »Schulz-Sound« zu treffen. Zwei Fragen dienten mir hierbei als Ansporn: Wie hätte Joseph Roth auf diese Übersetzung reagiert? Und was hätte Bruno Schulz dazu gesagt?

Doreen Daume

Quellen

Jerzy Ficowski: *Regiony wielkiej herezji i okolice. Bruno Schulz i jego mitologia.* Sejny 2002: Fundacja Pogranicze. (Deutsche Ausgabe: *Bruno Schulz (1892–1942). Ein Künstlerleben in Galizien.* Übersetzt und für die deutsche Ausgabe bearbeitet von Friedrich Griese. München 2008: Carl Hanser Verlag.

Jerzy Jarzębski: *Schulz.* Wrocław 1999: Wydawnictwo Dolnośląskie.

Jerzy Jarzębski: *Prowincja Centrum, Przypisy do Schulza.* Kraków 2005: Wydawnictwo literackie.

Bruno Schulz: *Księga listów*, zweite Auflage, durchgesehen und ergänzt vom Herausgeber Jerzy Ficowski. Gdańsk 2002: słowo/obraz terytoria.

Bruno Schulz: *Die Zimtläden und alle anderen Erzählungen*, herausgegeben von Mikołaj Dutsch, aus dem Polnischen von Josef Hahn. München 1992: Carl Hanser Verlag.

Bruno Schulz: *Die Wirklichkeit ist Schatten des Wortes*, herausgegeben von Jerzy Ficowski, aus dem Polnischen von Mikołaj Dutsch und Josef Hahn, Aufsätze und Briefe. München 1992: Carl Hanser Verlag.

Słownik Schulzowski, versch. Autoren. Gdańsk 2003: słowo/obraz terytoria.

W ułamkach zwierciadła … Bruno Schulz w 110 rocznice urodzin i 60 rocznice śmierci, versch. Autoren, u.a. Paolo Caneppele. Lublin 2003: Towarzystwo Naukowe KUL.

Magistrat der Stadt Wien, Magistratsabteilung 8, Wiener Stadt- und Landesarchiv, Meldereferat, Gasometer D, 1110 Wien, Guglgasse 14.

Jerzy Ficowski erklärte sich freundlicherweise bereit, mir eine Kopie seiner Kopie des *Exposés* zur neuerlichen Abschrift zukommen zu lassen, und er half bei der Identifizierung aller durch Knicke oder Klebstreifen schlecht leserlich gewordenen Buchstaben.

ANMERKUNGEN

9 *Pomona*: römische Göttin der Baumfrüchte.

12 *Eselchen, von einem Samariter am Zaum geführt:* Anspielung auf die biblische Erzählung vom barmherzigen Samariter (Lukas 10: 30–34).

14 *Elephantiasis:* abnorme Vergrößerung einzelner Extremitäten.

15 *Tłuja:* laut Ficowski zu Schulz' Zeiten in Drohobycz stadtbekannte geistig behinderte Bettlerin.

24 *das gewölbte Weiß des bleichen Auges:* Die Bedeutung des von Schulz verwendeten Worts *bielmo* für verschiedene Erscheinungsformen des Auges, läßt sich nicht immer eindeutig festlegen. Der Wortstamm *biel* (polnisch: das Weiße) läßt an das Weiße im Auge denken (das jedoch im Polnischen mit *białko oczu* wiedergegeben wird), andere Bedeutungen aus der Medizin (Linsentrübung, Grauer Star etc.) sind hier nicht wahrscheinlich, das Gleiche gilt für »Verblendung«. Oft (etwa in »Die Vögel«) wird *bielmo* als ein Häutchen beschrieben, das den Augapfel oder sogar den ganzen Kopf eines frisch geschlüpften Vogeljungen überzieht, nicht selten wird damit seitlich geblinzelt, wie es Vögel mit ihrer Nickhaut tun. Das Unheimliche der Erscheinung erinnert an einige Szenen aus Alfred Kubins Roman *Die andere Seite*, den Schulz gelesen hat, und in dem auch wiederholt plötzlich pupillenlose »leere, weiße Augen« den Leser erschrecken.

32 *Mitrailleuse:* historisches Geschütz, gilt als Vorläufer des modernen Maschinengewehrs.

32 *ein Titan mit gebrochener Hüfte:* Anspielung auf den biblischen Zweikampf von Jakob mit einem Engel (Genesis 32: 24–32), in dessen Verlauf der Engel Jakob das Hüftgelenk ausrenkt.

33 *Demiurg:* von griechisch *demiourgós*: Schöpfer, Handwerker; bei Platon ursprünglich der göttliche Welterbauer, der die vom Phyturgen erzeugten Urbilder oder Ideen verwirklichte.

49 *Mänaden:* auch Bacchantinnen, die im Gefolge des Dionysos ekstatische Kulthandlungen vollzogen und für ihre Raserei gefürchtet waren.

49 *Thyrsus:* Stab der Mänaden.

50 *Schneiderpuppen:* Das polnische Wort *manekin* verleitet dazu, es mit »Mannequin« zu übersetzen, zumal Bruno Schulz in seinem auf deutsch verfaßten »Exposé über das Buch ›Zimtläden‹« explizit von »Gliederpuppen, Mannequins« spricht, und man im galizischen Deutsch der dreißiger Jahre die Schneiderpuppen wohl so nannte. Da die Bedeutung des Wortes sich jedoch im Laufe des 20. Jahrhunderts gewandelt hat, und sowohl aus der Beschreibung in der Erzählung (»eine Dame aus Werg und Leinen mit einer schwarzen Holzkugel an Stelle des Kopfes«) als auch aus zahlreichen Abbildungen in Schulz' zeichnerischem Werk hervorgeht, welche Art von Puppe gemeint ist, erscheint die heute geläufige Bezeichnung »Schneiderpuppe« adäquat.

50 *Prestidigitateur:* »Schnellfingerer«, Magier, Gaukler.

60 *Genus avium ... scansores ... pistacci (eigentlich: psittaci):* Familie der Vögel ... Klettervögel ... Papageienvögel.

62 *Häresiarch:* Ketzer.

71 *Volute:* in der Architektur spiral- oder schneckenförmiges Ornament.

74 *Lucchesini:* Gemeint ist der italienische Anarchist Luigi Luccheni (1873–1910), der 1898 die österreichische Kaiserin Elisabeth in Genf ermordete und sich zwölf Jahre später im Gefängnis das Leben nahm.

74 *Draga:* Draga Mašin, Hofdame des Königs von Serbien Alexander Obrenović (1876–1903), der sie gegen den Widerstand von Familie, Hof und Volk heiratete. Beide, König und Königin, starben an den Folgen des Attentats vom 10. Juni 1903.

76 *generatio aequivoca:* Die nicht ganz perfekten Lateinkenntnisse des Vaters verleiten ihn dazu, den Begriff *generatio* mit »Generation« (polnisch *pokolenie*) wiederzugeben – während Kant (*Kritik der Urtheilskraft*) und Schopenhauer (*Die Welt als Wille und Vorstellung*) *generatio aequivoca* als »Urzeugung« verstehen. Der lateinische Begriff *generatio* bedeutet soviel wie »Entstehung«.

85 *Nimrod:* Die Bibel erwähnt Nimrod (polnisch *Nemrod*) als einen Urenkel Noahs. Nach Genesis 10: 8–10 war Nimrod »der Erste, der Macht gewann auf Erden«, also der erste Mensch in der Geschichte, der über ein Reich herrschte und Königswürde erlangte. Laut Ficowski (*Regiony wielkiej herezji*, S. 134) hat es im Hause Schulz tatsächlich ein Hündchen namens Nemrod gegeben.

94 *Pan:* in der griechischen Mythologie der Hirtengott, dargestellt mit Ziegenfüßen und -hörnern sowie der aus mehreren Röhren bestehenden Panflöte.

113 *Wall-Straße:* ulica Podwale, Straße in Drohobycz, die beim Stadttheater beginnt und parallel zu einer Seite des Marktplatzes verläuft.

114 *Basilisk:* mythisches Fabeltier, Mischwesen aus Hahn und Schlange, Drachen oder Kröte, dessen Blick versteinern oder töten soll. Namensgeber ist eine Leguangattung in Lateinamerika.

114 *Alraunwurzel:* menschenförmige Wurzel des Nachtschattengewächses Mandragora officinarum. Ihr werden diverse Zauberwirkungen zugeschrieben.

114 *Nürnberger Mechanismen:* in Nürnberg hergestellte mechanische Spielsachen und Geräte.

114 *Homunculi:* nach mittelalterlicher Auffassung von Alchimisten künstlich geschaffene Menschenwesen. Eine Verwendung der Homunculusidee findet sich in Goethes »Faust II«, den Schulz im Original gelesen hat.

115 *über die Salzstollen:* Aus der polnischen Schreibweise *Żupy Solne* ist nicht eindeutig ersichtlich, ob es sich um einen Straßennamen handelt oder um die Drohobyczer Salzstollen. Bis heute wird in Drohobycz Salz abgebaut.

116 *Liszniańska-Straße:* Die ulica Liszniańska gab es in Drohobycz wirklich.

116 *Professor Arendt:* Adolf Arendt war 1902 Zeichenlehrer am Drohobyczer Franz-Josefs-Gymnasium, an dem Schulz Schüler war (Ficowski: Regiony wielkiej herezji, S. 128 f.).

118 *Niobiden, Danaiden und Tantaliden:* In der griechischen Mythologie die Nachkommen der Niobe, des Danaos und des Tantalos. Diese Figuren standen auch in der antiken bildenden Kunst für Bestrafung und Leid. – Die Kinder der Niobe, sieben Töchter und sieben Söhne, werden von Apollo und Artemis getötet, weil Niobe gegenüber Leto, der Mutter dieser beiden Götter, mit ihrem Kinderreichtum prahlte. – Die Danaiden, die fünfzig Töchter des Danaos, ermordeten ihre Freier auf Befehl des Vaters in der Hochzeitsnacht. Zur Sühne für ihre Untat mußten sie im Hades Wasser in ein durchlöchertes Faß schöpfen. – Weil Tantalos gegen die Götter frevelte (er schlachtete seinen Sohn Pelops und setzte ihn den Göttern zum Mahl vor, um deren Allwissenheit zu testen), zog er einen Fluch auf sein Haus, der seine Nachkommen, die Tantaliden, in eine lange Kette von Gewalt und Verbrechen stürzte.

122 *sibyllinisch:* geheimnisvoll, rätselhaft (Sibylle, Prophetin in der griechischen Mythologie, deren Vorhersagen meist doppeldeutig waren).

126 *Karakulschaf:* Persianerlamm.

128 *Astrolabium:* bereits in der Antike verwendetes Instrument zur Bestimmung der Lage von Gestirnen.

129 *Krokodilstraße:* literarische Entsprechung zur Stryjer Straße in Drohobycz.

129 *Tyśmienica:* Flüßchen durch Borysław und Drohobycz.

130 *Architrav:* in der antiken Baukunst waagerecht auf Säulen (Pilastern) aufliegendes balkenförmiges Bauelement, das zusammen mit Fries und Gesims das Gebälk bildet.

130 *Archivolte:* dekorativ ausgeformte Stirnseite eines Rundbogens oder Portals.

130 *im Stil barocker Prospekte:* Die Pläne aus der Barockzeit zeichneten sich durch subjektive Perspektive und dreidimensionale, realistische Darstellung der Gebäude aus, wobei die

Schärfe und Genauigkeit analog zur Entfernung des Betrachters abnahm.

132 *Klondike:* Ende des 19. Jahrhunderts wurde an einem kleinen Zufluß des kanadischen Klondike River Gold gefunden, was den Goldrausch zur Folge hatte.

138 *Kontrapost:* in der bildenden Kunst Posen mit wechselndem Stand- und Spielbein.

142 *Agiotage:* unrechtmäßiger Handel zu überhöhten Preisen, Spekulation.

149 *Die Kakerlaken:* Schulz spricht zwar in seinem Exposé von »Schaben« (polnisch *karakony*), doch das gleichbedeutende deutsche Wort »Kakerlake« verfügt über bessere lautmalerische Qualitäten wie z. B. in der Erzählung »Die Zimtläden«: »Einige Droschken, schwärzer als schwarz, desolat und klapprig wie verkrüppelte, schlummernde Krabben oder Kakerlaken, standen auf der Straße.« Die gebräuchlichere weibliche Form wurde dem männlichen »Kakerlak« vorgezogen.

156 *Commis voyageur:* Handlungsreisender.

157 *Sejme:* Sejm und Senat bilden das polnische Parlament.

157 *Phalangen:* Schlachtaufstellung, geschlossene Kampffront.

157 *Die aus den Speichern ausgespeicherten Speicher:* »strychy wystrychnięte ze strychów« – eine übermütige Spielerei des Autors mit dem Wort *strych* (Speicher).

158 *Lançaden:* Sprünge des Pferdes (Figur der hohen Schule).

159 *drei Tage und drei Nächte:* in Anlehnung an die biblische Schilderung der Sintflut: »… an diesem Tag brachen alle Brunnen der großen Tiefe auf und taten sich die Fenster des Himmels auf, und ein Regen kam auf Erden vierzig Tage und vierzig Nächte.« (Genesis 7: 11–12)

168 *ein dreizehnter, falscher Monat:* Möglicherweise spielt Schulz am Beginn der Erzählung »Die Nacht der Großen Saison« auf die Diskrepanz zwischen dem 365tägigen Sonnenjahr und dem 354tägigen Mondjahr im jüdischen Kalender an. Um diese auszugleichen, wurde siebenmal in neunzehn Jahren ein sogenannter »dreizehnter Monat«, der Adar II, eingeführt.

169 *Apokryphen:* nicht in den biblischen Kanon aufgenomme-

nes, jedoch den anerkannten biblischen Schriften formal und inhaltlich ähnliches Werk.

169 *Palimpsest:* antikes oder mittelalterliches Schriftstück, von dem der ursprüngliche Text aus Sparsamkeitsgründen getilgt wurde, um eine neuerliche Beschriftung zu ermöglichen.

173 *um sich zu einer ... Gockelmaske aufzugockeln:* Ein Verb »sich aufgockeln« gibt es ebensowenig wie das polnische *wykogucić się*.

178 *mit den Töchtern der Menschen:* Vgl. Genesis 6: 1–3.

180 *wie unter dem Schlag von Moses' Stab:* Vgl. Exodus 17: 5–7; Moses schlägt mit seinem Stab Wasser aus dem Fels am Horeb.

181 *Baal:* von Ba'al (hebräisch: Herr), altorientalische Gottesbezeichnung, biblisch meist für heidnische Götter.

182 *Pekesche:* seit dem 17. Jahrhundert in Polen gebräuchlicher taillierter, langschößiger, mit Knebeln geschlossener, pelzverbrämter Überrock.

183 *Pulcinella:* komische bzw. bauernschlaue Figur aus der Commedia dell'arte, meist mit Hakennase dargestellt.

184 *Synhedrion:* der Hohe Rat der Juden.

193 *Sinn:* Die polnischen Wörter *świat* (Welt) und *światło* (Licht) unterscheiden sich im Genitiv *świata* (der Welt) bzw. *światła* (des Lichts) nur durch das ł. Tatsächlich kommt »*sens światła*« (»Sinn des Lichts«) nur ein einziges Mal hier, am Beginn des Aufsatzes vor, später ist vom »Sinn der Welt« die Rede, übrigens auch in anderen Texten, etwa in dem Schreiben an Witkacy vom Winter 1934/35 (Schulz, *Księga listów*, S. 100), worin Schulz, auf Witkacys Bitte hin, ebenfalls versucht, seine Zimtläden »philosophisch zu interpretieren«. – Möglicherweise handelt es sich an dieser Stelle (laut Herausgeber Jerzy Jarzębski) um einen Druckfehler in der polnischen Ausgabe. Dies erscheint plausibel, in der Übersetzung wird das ł ignoriert.

VERZEICHNIS DER ILLUSTRATIONEN VON BRUNO SCHULZ

DANK

Für die Förderung ihrer Arbeit dankt die Übersetzerin dem Krakauer Buchinstitut, dem Verein Villa Decius, der Kulturabteilung der Stadt Wien, dem österreichischen Bundeskanzleramt, dem Literarischen Colloquium Berlin, dem Verein Dialog-Werkstatt Zug (Übersetzerstipendium 2007) und dem Übersetzerhaus Looren.

Besonderer Dank gebührt Jerzy Ficowski † (Warschau), Professor Jerzy Jarzębski (Krakau), Professor Rolf Fieguth (Fribourg), Jakub Ekier (Warschau), Helmut Frielinghaus (Hamburg).